PRINCIPAL
wisdom

首都

校长

教育

智

慧

库

◎ 陈宗禹 著

U0638053

育就是

志远行近

北京日报 报业集团

◎ 同心出版社

图书在版编目（ＣＩＰ）数据

教育就是志远行近 / 陈宗禹著. -- 北京 ：同心出
版社, 2014.3
（首都校长教育智慧库）
ISBN 978-7-5477-1173-6

Ⅰ. ①教… Ⅱ. ①陈… Ⅲ. ①小学教育－教育工作－
大兴区 Ⅳ. ①G62

中国版本图书馆 CIP 数据核字(2014)第 035384 号

教育就是志远行近

出版发行：同心出版社
地　　址：北京市东城区东单三条 8-16 号　东方广场东配楼四层
邮　　编：100005
电　　话：发行部：（010）65255876
　　　　　总编室：（010）65252135-8043
网　　址：www.beijingtongxin.com
印　　刷：山东旺源印刷包装有限公司
经　　销：各地新华书店
版　　次：2014 年 4 月第 1 版
　　　　　2020 年 1 月第 2 次印刷
开　　本：787 毫米×1092 毫米　　1/16
印　　张：8.75
字　　数：142 千字
定　　价：29.00元

《首都校长教育智慧库》发起校长（按姓氏笔画排列）

王　时　北京市第二十七中学校长

王培山　北京市大兴区黄村镇第三中心小学

王　阔　北京市顺义区西辛教育集团校长

齐振军　北京市朝阳师范学校附属小学校长

刘卫红　北京小学通州分校校长

刘向东　北京市顺义区木林中心小学校长

刘显洋　北京小学丰台万年花城分校校长

兰永平　北京市昌平区第四中学校长

闫　伟　北京市海淀区永泰小学校长

纪世铭　北京钢铁学院附属中学校长

沙晓燕　北京市房山区良乡中心小学校长

李文凤　北京市史家小学通州分校校长

张兆宏　北京市通州区运河小学校长

张桂明　北京市大兴区团河小学校长

张富国　北京市第二实验小学大兴实验学校校长

吴晓波　北京市延庆县第一小学校长

杨　东　北京市通州区梨园镇中心小学校长

郝素梅　北京市大兴区黄村镇第一中心小学校长

段兰华　北京市丰台区实验小学校长

尉小珑　北京市西城外国语学校校长

高　淳　北京市东城区校尉小学校长

彭　藐　北京市东城区和平里第一小学校长

廖文胜　北京市光明小学校长

《首都校长教育智慧库》支持发起媒体

《北京日报》专刊部

《当代家庭教育报》

同心出版社

总 序

智慧塑造教育品质 责任彰显生命精彩

校长的教育智慧是校长学习、思考、反思、感悟的内化凝炼。它直接影响着一个学校教育品质的形成，同时也是校长开展好教育及学校各项教育教学工作的内在力量源泉。一直关注、关心首都教育并一直支持着《首都校长教育智慧库》组编工作的陶西平老师曾说，校长要静心思考教育，一方面，校长间要交流，通过交流，产生碰撞，促进思考；另一方面要加强反思，通过反思，系统梳理，提升思考。

近几年，在首都校长间流行着一种"微沙龙"，不同区县的校长，少则三五人，多则八九人，不定期相聚在一起，交流观点，互陈心得，倾心探讨，颇有收益。这其中，有教育智慧的碰撞，也有对学校管理工作的精辟见解，更有对解决教育中现实问题的真知灼见。言谈间展现了作为一名校长的责任感，展示了对促进教育发展的执着追求。参与微沙龙聚会的各位校长认为，这种"微沙龙"是促进校长成长的一个途径。校长们觉得，如果这些碰撞出的校长智慧能够留住，惠及更多的校长，会更有意义。于是汇编"校长智慧文库"的动议便呼之欲出。

这一动议很快得到了一些校长的积极反馈。段兰华、刘显洋、郝素梅、尉小珑、张兆宏、齐振军校长从不同角度提出了"智慧库"的整体构思，建议将文库的系列图书定名为《首都校长教育智慧库》。联合更多的校长参与，本着自发、自愿的原则，共同围绕落实"教育纲要"、践行"北京精神"做件实事，从成长、发展、创新的角度展示首都校长的智慧风采。

在2011年仲秋和2012年初冬，全程参与策划的李江先生分别与刘显洋校长、彭貌校长邀请北京市不同区县的17名中小学校长，在北京小学丰台万年花城分校和北京市东城区和平里第一小学召开了《首都校长教育智慧库》策划商讨会。刘显洋校长、彭貌校长作为东道主分别主持了商讨会。

会上，校长们就《首都校长教育智慧库》的编辑工作进行了充分讨论，大家一致认为：编辑《首都校长教育智慧库》是展示首都教育的平台，是首都校长思想智慧交流的平台，是促进校长专业发展的平台，有利于促进校长静心深入思考教育，梳理教育思想，总结办学思路，对落实《国家中长期教育改革和发展规划纲要》，促进首都教育的均衡发展、提升首都教育综合水平有着重要意义，还能够有效地树立首都北京的文化创新形象，也是校长心系学生发展、心系首都教育、

心系纲要落实的具体创新行动。

会上，校长们就《首都校长教育智慧库》的组稿工作进行了充分讨论，确定了组织、内容、编辑等工作思路：

根据尉小珑校长的建议，将组织参编《首都校长教育智慧库》的过程，定位为"校长调动思想内存，全方位思考教育，服务教育的提升过程"。将校长多年以来对教育思考、实践进行梳理和总结。

根据齐振军校长"挖掘校长智慧"、"校长要自觉、自愿"的建议，将"热爱教育、善于思考，具有创新发展意识，重视学生成长、可持续发展"作为"入库"校长的基本条件。校长自发参与，更能体现校长对教育的热爱，更能体现校长的责任意识。

根据刘显洋校长"要体现首都特质"的建议，确定了"面向全市，定向邀请，自愿参与"的组稿原则，"入库"校长涵盖北京市16个区县，各区"入库"校长能体现本区的高水平，"全库"校长能体现首都教育的水平，最终要体现首都校长们的思考的智慧。

根据李文凤、张兆宏、张桂明、杨东、刘显洋、闫伟等校长建议，确定了书稿内容要求。即全书内容要突出"四性"：独特性、实践性、实用性、前瞻性；具体内容要突出"三鲜"：鲜活、鲜明、鲜实；观点、案例要立足"二本"：本校、本人；所有内容围绕"一心"：促进教育发展为中心，体现校长的最高教育智慧。

根据郝素梅校长的"要严格保证科学性"、"要把好审读关"的建议，确定了"先读后编"原则。即所有稿件先由二位以上校长作"第一读者"，之后再进入编辑程序。把编辑过程当作交流、提升的过程。进一步完善了编辑思路。会后，根据推荐和自荐的原则组成了以现任校长为主体的《首都校长教育智慧库》编辑委员会。

编委会就相关出版事宜与同心出版社进行了沟通，得到了出版社的赞赏和支持，专门成立了编辑组，并将《首都校长教育智慧库》列为同心出版社重点图书选题，根据出版社建议，郝素梅、李文凤、刘显洋校长撰写推荐函，推荐申报北京市重点图书选题。

《首都校长教育智慧库》的起点，源于首都校长的智慧；《首都校长教育智慧库》构思的完善，受益于首都校长的智慧；《首都校长教育智慧库》的出版，体现的是校长教育智慧的升华。将会展现首都更多校长的智慧和他们心系学生成长，献身教育事业的风采。

真诚地期望《首都校长教育智慧库》能为首都教育的发展出点力，能对广大校长朋友的专业成长有所帮助。

《首都校长教育智慧库》编委会

2012年5月

自 序

我敬仰大家对追求学问的沉静，沉下心来，学识自厚重，如钱钟书，季羡林，陶西平……他们影响了我的做事风格；我追慕启功先生"学为人师，行为世范"——对教师学品辞约而意丰的凝练，它影响了我作为一名教育工作者的人格追求。

学高为师，身正为范。这是对教师职业的期盼、评价和表达，当然包括校长在内。校长首先是一名教师，然后才是一名校长（或者说是一名特殊的教师），他肩负着学校教育的责任、引领着全校教师的职业追求、融合着学校的精神和文化。

作为一名校长，一言一行都受到师生、家长、社会的关注，只有身正，影子才不斜，做事才不走偏。校长做的是良心事，干的是良心活儿——这是由教育的内在规律决定的：教育很难有立竿见影的效果，因为教育不是速成的活儿，不是急功近利的活儿，必须是潜移默化、厚积薄发。在短时间内，只要学校稳定，校长学高、学低、身正、身歪都不易区别，于是出现了风格各异的校长：有"和事佬"校长、有"活动家"校长、有"乖乖听话"校长，也有"追梦"的校长等等。这些校长或是学高，或是身正，抑或是兼而有之，区别在于每个校长的心。

学高还须身正，身正必须心正。我理解校长的"心正"：一是怀揣一颗责任心，没有功利心；二是有追求，有梦想，不浮躁，静心思考教育；三是心存爱心，热爱教育，关爱每一个学生，沉下心来为孩子、为未来。一个合格的、有担当、有理想的校长当是一个沉静的追梦人，为了自己的教育梦想，沉着、静静地追求。

我喜欢静，不擅张扬。与大兴三小师生相伴二十年，见证和参与了学校从一所相对薄弱校发展为区品牌校的全过程。一些同行朋友说，三小的今天，有我的智慧。但我更愿说"三小的今天是我们全体教师的智慧和心血。"我偏爱沉静，是因为执着不懈地做自己的追求，比夸张与空谈更重要。我不喜张扬，是因为有

学生的成长在注解，有学校的发展在旁白。

感谢郝素梅等校长推荐和鼓励我参编《首都校长教育智慧库》，将自己十几年校长的成长整理成这本书。这种形式可能有悖于我的沉静，但全书内容却坚守着平常，如实客观地记录了我十几年的校长工作经历，这其中，有规划、有做法、有摸索，也有思考。同时，这本书也忠实地反映了大兴三小的部分发展历程。

面对三小的今天，我问心无愧，心中欣慰；展望三小的明天，我满怀信心，充满期待——因为一个沉静的追梦人还在路上——我和我志同道合的大兴三小的全体教师！

陈宗烈

2013 年12月

目 录

第一章 初任校长建文化 (1997——2000)

1997年是不平凡的一年。离开祖国百年的香港顺利回归，党的十五大盛会胜利召开，全国人民欢欣鼓舞。就在这一年7月，我怀揣着对教育事业的忠诚，从一个有着十一年副校长经历的36岁年轻干部，走上了北京市大兴区黄村三小的校长岗位。

一、夯实学校文化根基稳步前行

一所学校的文化究竟如何，直接影响着教师和学生的发展，影响着学校的发展乃至学校教育改革的进行。教师、学生和校长所特有的精神风貌及行为规范集中体现的是学校文化。

(一) 提高自身素质，增强校长领导力

无形的学校文化首先是校长的人格魅力、学识、能力、品质、涵养。校长是学校的管理者，各项工作的领导者。校长思想政治素质高低直接关系到其能否正确理解学校中贯彻落实党和国家的路线方针政策，更直接影响着学校的发展方向。作为学校管理者的我，自觉学习政治理论，从思想上和党中央保持一致，不断提高政治理论水平，为学校发展认清方向把好舵。

学校教育的主阵地在课堂，作为校长，要把主要精力放在教育教学上。一校之长不仅要掌握教育教学理论，更要深入课堂，了解学校教师教育教学现状，不断引领过往矫正，把好教育教学质量关，为学校发展、教师发展、学生发展掌舵护航。基于这一深刻认识，我努力学习，向高层次教育理论水平冲击，更扎实深入课堂，做学校教育教学工作领导者、管理者，敢于充当教育改革的弄潮者，不断引领教师进行教育改革与实践。

"一个校长就是一所学校"，"一个好校长就能带出一所好学校"。从某种意义上讲，校长职务是一种艺术地位，校长应有一种学者风范，校长要把自己的办学思想贯穿于日常管理活动中，用先进的教育理念去影响、带动教师，把自己的办学思想转化为教师的行动。校长要加强学习和修养，努力做学者型、专家型

校长，不断提高自己的品质和格调，提高自己的人格影响力，在制度管理的基础上施以情感管理、理念管理。

校长的人格影响力是巨大的教育力。校长的性格、气质、修养等构成了校长的独特人格，在管理中焕发出独特的人格魅力，这比言语教育和规章制度管理具有更强的心灵渗透力，这对学校师生的影响也更持久深远。在办学实践中，校长必须充分展现自己在性格、品质、气质、修养等方面积极鲜明的个性特征，以德服人，以学识服人，以自己的为人吸引人，引起全校师生共同进取的意向和行为，取得学校管理的成功。这些认识是我初为校长努力的方向。

（二）加强领导班子建设，发挥校长领导力作用

学校和谐而持久发展，仅靠校长一人的智慧和思想还远远不够，更多地要依靠学校领导集体的群策群力才能办好学校，发展学校。学校领导班子是学校改革发展的领导者、组织者、推动者，加强校长领导下的学校领导班子建设，使之成为勤奋学习、求真务实、勤政廉洁、开拓创新、团结协作、具有高度凝聚力的团队，是保证学校稳定、深化改革和持续发展的关键环节。

在学校领导班子建设中，首先确立奋斗目标，目标是"大家劲儿往一处使"的根本；其次明确分工，各司其职，各尽其能，发挥所长，各负其责，层层落实，责任到人；三是要求各领导成员既要有分工还有合作，学校工作是一盘棋，每个成员都要顾全大局，团结协作，甘于奉献，善于沟通，求同存异；四是和谐民主，敢于授权，善于用人，建立良好的信任机制和合理的奖励机制，营造积极、健康、和谐融洽的团队工作氛围；五是尊重信任领导班子每一个成员，在关注学校发展的同时，更关注领导班子成员的发展，充分调动其积极性、主动性和创造性。校长领导力在学校领导班子的建设中发挥其巨大作用。

我就任后，及时组织学校领导班子成员认真学习，认清当前的教育改革形势和学校教育的发展方向。根据教育局工作方案，结合本单位实际情况和教育发展对学校的要求，集思广益，统一认识，制定出学校的各项工作的计划和远景规划。制定三年任期目标，使自己和每位教职工都能明确自己的工作职责。增强了学校管理的透明度，为工作中互相监督、互相促进创造了条件，使教育教学工作有计划、有目标稳步发展。

（三）注重制度建设，铸就学校文化内涵

教师是学校文化的第一体验者和首要行动者，教师是学校的主人，是教育教学的生力军，是教育教学改革的探索者和实践者。培养精良的教师队伍是全面推进素质教育的可靠保证。一个好校长在于成就一个好的教师队伍，有了一支好的教师队伍也就有了一所好学校。

1. 认真学习，提高思想认识，解决"要革新，先革心"的教育改革的先导问题。重视塑造教师整体的文化形象、蓄积自身文化内涵，以顺应并引领学校文化建设。教师的外在形象上，应该有"腹有诗书气自华"的韵味，有书卷气，有文人气。每周教师例会的第一项内容就是集中学习，并要求教师平时加强业务学习，认真写读书笔记。教师的内涵世界中，要构建求真充盈的知识世界、求善秉良的人际世界和追慕高尚的心灵世界。

2. 加强师德养成教育，从大处着眼学习教育理论、方针政策；从小处着手，向教师渗透"学校无小事，处处有教育"，"教师无小节，处处是楷模"的教育思想。教师在教育学生的同时，实现自我教育，将师德教育落到了实处。

3. 抓住课堂教学这个实施素质教育的主阵地，开展"教师基本功达标创优工程"活动，并把教师的基本功训练作为一项长期不懈的任务来抓，如每月每人完成两篇硬笔书法作品等，每学期进行课文朗读大赛、课堂比武等活动。

4. 努力推进课堂结构改革，把握"应试教育"向素质教育转轨的关键。从抓教师备课环节入手，要求教师上好每一节课，争取向课堂40分钟要质量。鼓励教师在教学实践中大胆探索，勇于实践，使教师在研究探索中不断提高。

二、确定办学目标，寻求新的发展

作为一名年轻的校长，要创建一流的学校，首先是更新观念，改变传统的教育管理思想，以"求新、求严、求实"为指导思想，带领学校班子，大胆设计学校发展前景，提出学校的办学目标——"以教育改革为基础，以教育科研为支点，以现代教育技术为突破口，以名师带动名校为手段，全面创建21世纪的新型学校"，并且提出了"务实创新、争创一流"的口号。从师资队伍建设入手，采取一系列卓有成效的措施，带领广大教师开拓进取、锐意改革，探索出一条运用信息技术实施素质教育的新路，使学校发生了巨大变化。

（一）从信息技术培训入手，提高教师信息素养

结合学校实际情况，我们认清了教育的改革必须依附现代教育信息技术，学校领导一班人首先统一了认识，为实现学校办学目标，没有以硬件建设带动软件建设，而是生发了以软件发展推动硬件建设的新思路。抓住机遇，迎接挑战。

知识经济呼唤教育的现代化，归根结底还是人的现代化。学校在让教师学习

和掌握运用教学软件，开发教学资源库方面进行了有益尝试，适时启动学校现代化建设工程。首先将北京市电化教育馆主任请到学校，为全体教师进行了一次运用现代教育信息技术手段进行辅助教学的理论培训。教师们从思想上提高了认识，建立起学习技术、提高信息素养的信心。现代化教育思想已深入人心，学习计算机与软件的开发及应用等现代化教育技术，已成为广大教师的内在需求，讲学习、苦练功已成为一种氛围。教学软件开发是个复杂而又艰巨的工程，需要掌握先进技术的人。高质量的软件，取决于高质量的脚本；高质量的脚本，取决于高质量的教师。攻克这一难关，关键是找准教学与软件开发的结合点，这需要教师付出更大的努力和更艰辛的劳动。据此学校又分别组织了计算机软件的相应培训，先后请来邱阳、郑殿友、李勇等现代信息技术教师、专家来校进行系统的教学软件开发与应用培训。教师学习计算机知识的热情，由原来的我们请老师到机房去，变他们自己抢着去。正是由于我们解放了思想，下班后，教师可以自由出入机房，从而为我校现在的发展奠定了基础。

运用商业软件，教师的教学思想、教学特点不能很好地与商业软件相容，教师丧失了教学的自主权，在这种情况下，电教组的刘振峰老师运用《洪图多媒体编著系统》开发自然课件《雨的形成》，运用动画手法，把看不到的微观世界形象地展现在学生面前，化解了教学难点，效果是显而易见的。为了给教师创造条件和电教氛围。1998年11月，大兴电教环境研讨会在我校召开，我校电教组的老师群策群力，用自制课件上了一节数学课，受到与会领导的高度赞扬。从而大大加快了我校应用计算机进行辅助教学的步伐。在此基础上，我们又适时进行基础培训和提高培训，老中青教师相互学习、相互促进、共同提高，学校内形成了一股学习计算机的热潮。

培养一支高素质教师队伍，需要我们不懈的努力和追求。首先就要树立新观念，有抢占制高点的意识；明确发展点，有自我发展的能力；找准结合点，有运用现代信息技术的本领。在实际教育教学工作中加以应用，使多媒体软件的开发与应用适应学生全面发展的需要，真正把素质教育落到实处。

（二）艰苦创业，走切合自己的路

我校虽是县直属小学，但经济基础比较薄弱，而进行电化教学，则需要大量的资金投入，针对这种情况，依据我校现有经济状况，力争把每分钱花在刀刃上。如要有所成就，就要具有一种精神，一种在困难面前不言败，一种勇于奉献的精神。三小的校长、老师正是在这种精神的鼓舞下，开始艰难的电教发展历程。

我们从《阳光Ⅱ代》起步，到建立多媒体教师备课室、多功能教室，到计算机校园网的建设，再到双向教学系统以及功能强大的网络教室的建设，每前进一步都凝聚着全校老师的心血。学校电教的发展，依据"总体设计，分步实施，逐步到位，不断完善"的方针，一步一步发展起来。在这个过程中，电教组的老师付出了艰辛的劳动。1998年寒假期间，我亲自带领部分教师，到中关村采购散件，组装教学用计算机，为了把好质量关，一转就是六七个小时，一直到下午五点多钟，回校后才觉得渴、觉得累、觉得饿。第二天又马不停蹄地开始组装、调试、考机，一连几天才调试完成。此时，已到春节。仅此一项，就为学校节约资金1.5万元。1999年暑假，高温难耐，我又带领部分教师三上天津、四下中关村，进行考察论证，选定设备后，就开始了双向多媒体教学系统建设。炎炎夏日，谁也说不清自己流了多少汗水，付出了多少艰辛。开学前夕，凝聚着全校教师心血的双向教学系统，顺利安装调试完毕，已掌握一定计算机技能的教师，在暑假安装双向教学系统的同时，也在紧锣密鼓地制作着教学软件。9月开学的第一天，我校教师运用安装调试完成仅2天的双向教学系统上课10节，且十分顺利。至此，进行多媒体适时适度地辅助教学，不再是一种奢望，它已成为我们教学的现实，已成为我们教学中的家常便饭了。1999年9月份我校教师共运用该系统上课255节，10月份290节，11月份达到400节，12月份305节，半年时间，全校教师共制作教学软件800多个。凡任课教师上至50多岁的老教师，下至刚走上工作岗位的青年教师，人人都能在计算机前一显身手，创造自己的杰作。由于我校用于教师备课的计算机只有6台，老师们为了准备资料，常常起早贪黑，有的中午不回家，有的晚上很晚才回家。教师计算机备课室节假日也没有断过人，双向系统四路节目源，这将意味着有8个班可以同时使用计算机、vcd、录像机进行辅助教学，课排不开的现象时有发生。

回顾我们所走过的路，这些自制教学软件，虽存在着许多缺陷，但我们毕竟在未知领域，靠着自己顽强的拼搏精神和在困难面前不言败的劲头，走出了一条适合自己发展的路，虽然在前进的过程中充满坎坷和困惑，凭着一股钻劲、闯劲，三小的教师们以科学的态度和创新的精神，积极投身到教育改革中来。

（三）开展教研，拓宽教改新思路

教学环境的现代化同时要求管理现代化，加强对硬件资源的管理和维修，指派专人负责此项工作，同时也注重软件资源的管理，对教学一些软件、素材库进行分类管理，并对教师自制教学软件的进行分学科管理，减小劳动强度，逐步实

现资源共享。

　　繁重紧张的教育改革实践活动，增加了三小的蓬勃生机，有序的工作加快了我们推进素质教育的进程。"一请、一评、一析"展示教学，锤炼了我们的年青教师，使我们悟出了热爱事业是青年教师有所作为的前提。学无止境是奋发进取的源泉，把握机遇是崭露头角的关键，自我加压是走向成熟的催化剂，领导培养是健康成长的营养品。多层次、多学科的教研活动，激发了全体教师的教改热情，老教师的精神焕发，骨干教师的坚韧不拔，青年教师的积极向上，构成了三小教育教学改革的交响曲，充分体现了教师本身所具有的实力。展望21世纪，以知识生产力为伟大动力的时代已经到来，以计算机和网络技术为核心的现代教育技术的发展和广泛应用，将深刻地改变人类的生产、生活、工作和学习方式，这一切巨大变化，将给我们提出一个新的课题，利用双向教学系统"给孩子一个全新的教育，一个高质量的教育"，把我们的教学纳入了正轨。我们全身心的探索、实践，品尝了成功的喜悦，饱含了辛勤的汗水，也经受了挫折的考验。付出与汗水，造就了我们盎然生机的校园，频传的捷报点缀着三小的今天。

　　1. 展示课、指导课锻炼青年教师队伍。

　　推进素质教育，培养学生的各种能力，离不开课堂教学这个主渠道。如何进行课堂教学的改革，如何把现代的教学观转化成改革的实践过程，如何使用现代的教育模式，是摆在所有教师面前的一个首要任务。为了达到实施素质教育的目的，在年初的计划中，我们重点推出了教学"三个一"工程，开展每月一推荐、一评优、一表彰活动。举办家长开放课，诚请教研员来校听课指导等，所有这些加快了我校进行教学改革的步伐。从2000年3月23日开始至6月14日结束，有16名教师登台献艺。展示课的实践，教师们按照改革的设计与思路，一个个把信任的目光投向学生，把亲切尊重的话语送给学生，把和谐的微笑洒给学生，赢得的是学生信任和家长的理解，创造的是宽松、和谐的教学氛围，表现的是最好的学习心态，使学生轻松愉快地参与学习。在课堂上教师们想方设法、千方百计地帮助各类学生获得成功，激发成功的情绪，激活学习的愿望，对任何学习行为如：提出问题、发表见解、作业练习等，教师都及时的评价，坚持激励教学。教师的一句"你说得真好"、"你很聪明"、"不要紧张、慢慢说"、"你一定行"等等充满挚热、信任、期望的艺术语言，树立了他们的自信，产生的是教与学的"同频共振"的效果，塑造了学生完美的心灵，享受的是成功的乐趣。

　　良好的课堂教学改革的探讨，赢得了全体教师与听课家长的好评，16名年青教师的展示，均是在相应的教研组集体研究的基础上，代表了三小整体教学水平。在所接待的455名家长中，我们所设定的7项评议指标中，被家长评议A等的是393人次，占总人数的86.4%，B等的总人次为60，占总数的13.2%，C等的2人次，占总数的0.44%。以上数字表明，我们的展示是成功的，我们青年教师的敬业精神是可取的，家长们对我们的课堂教学是满意的。尽管我们在教学中还存在着这样那样的不足，但这样的活动锤炼了青年教师，改变了原有的教学模式，优化了教学过程，展示了三小教学水平，是我们改革教学的真实写照。不仅如此，为了提高全员教师的教学水平，于3月31日我们还特别邀请了进修学校各学科教研员来校专门指导，又有重点地安排了16名教师上台作课，直接求得教研员的帮助。课后即留下了她们的宝贵意见和建议，也留下了对我校16名教师授课水平的赞许。两项有意义的教学活动，加大了我校教学改革的进程，锻炼了我们教师的队伍，调动了我们实施素质教育的积极性，同时也提高了我们教师整体的教学水平。

2. 教研引路，开创我校教育教学新局面。

多年来，在平凡的工作中，三小教师有自己踏踏实实做人、勤勤恳恳工作、认认真真教学的光荣传统。不骑马、不骑牛，骑着毛驴赶潮流也是我们的现实。通过学习，我们感觉思想状态离时代要求还有很大的距离，教育的观念急待转变。为了使三小在当时的大兴县有自己的一席之地，不搞教研，不提高全体教师的素质是不行的。所以，我们采取了舆论上宣传，行动上关注，工作中重点扶持的方针。即时召开了各学科骨干教师的小型会，给部分教师压担子，并有17名教师被聘为进校课题研究组成员。经过教师自己的刻苦努力，我校一学期内就有6名教师作了全县教学的研究课，4名教师的研究经验论文在进校进行交流。参加县级数学课的评优，我校6名青年教师报名，献课参评，在她们的努力下，4名教师荣获一等奖，2名教师获二等奖。郭华、侯艳玲老师的实验论文获一等奖，赵振云老师获二等奖，更可喜的是杜菊花老师的"元、角、分的认识"一节市级研究课，被评为市级一等奖。

浓厚的教研气氛，团结向上勇于拼搏的集体，老教师的率先垂范，骨干教师的坚忍不拔，青年教师的逐渐成熟，成就了我们的教师队伍。

3. 电教花常开，园丁春常在。

教师运用校内的闭路电视及双向教学系统进行课堂教学。在制作CAI软件的过程中，老师根据知识间的内在联系与儿童智力发展的特点规律，组建知识的网

络子系统。纲目清楚、主次分明、纵横交叉、运用多媒体的直观性、交互性等特点，帮助学生建立知识体系，为学生提供了一个由已知到未知的思维发展思路，为学生主动学习创设了广阔的空间。

为了更好地开展电化教学，减少教学工作中的盲目性，一方面我们走出去，到先进学校参观。我们先后组织教师到北京小学、丰师附小、黄村镇中心校等学校进行参观学习。电教组长到大连、无锡等地参加电教研讨会。另外，我们充分发挥教研组的作用，集体研究教材，找出重点、难点、找准知识的切入点。然后由教师自行设计完成某一课件，进行试用。教研组集体听课、评课，进行修改，再应用。同时，在教学过程中，我们加大对教学效果的反馈和交流，电教组与学科教师共同举办研究课。通过评课，帮助学科教师进行有效改进。正是这种浓烈、宽松的教研气氛，使得我校一些青年教师茁壮成长，一大批教师已成为我校各个学科的骨干。合理运用现代教育技术，认真进行课堂教学设计，创造全新的教学情境，提高学生的学习兴趣，帮助学生拓展思维深度和广度，为学生形象思维与抽象思维的协调发展创造条件。

人们都说，好花不常开，好景不常在。而当我们进入一个新世纪的时候，我们奋斗得来的"电教优类校"、"全面育人，办有特色"的奖牌，使三小变得花红柳绿。成绩的取得，是我们以三个面向为指导，发挥现代教育技术的优势，把优化学习过程做为主改方向，为推进素质教育服务的总体目标而实现的。正是我们遵循了以人为本的思想理论，不辞辛苦的学习进取，才有了被社会所认可的三小。要保持电教花常开，就必须保持我们园丁的春常在。三小的教师心里都明白这一点，尽管大家每日工作很忙，很紧张，但任课教师使用双向教学系统上课总计789节，教师自制CAI课件上课641节，使用VCD116节，使用录像32次。由于教师的创新求异，我们的教师尝到了应用现代教学手段，辅助课堂教学的甜头。虽然每位教师具备了使用洪图的能力，但我们更清楚的懂得，这只是运用现代技术的开始，在将来以视听、音像向信息技术转化的过程中，只要我们的园丁们春心不改，勤奋努力，电教之花会永开不败。

4. 小荷敢露尖尖角，教师奉献是真情。

祖国的富饶美丽，来自全国人民的支撑，一所学校的成功来自每位教师无私奉献真情。在进行教育改革的洪流中，我们不但取得了一定的成绩，在其他方面，在全体教师的协助下，在领导班子的大力支持下，也取得了可喜成绩。两名音乐教师牺牲了多少双休日的宝贵时间，早来晚走的默默地坚持训练，在县小百灵的比赛中有6人分获一、二、三等奖。校合唱队在参加县合唱节的比赛中荣获县级一等奖，市级三等奖。11名合唱队员受到了表彰，创造出了三小有史以来的最好成绩。美术老师利用节假日的休息时间，参加暑期工艺制作竞赛活动中8人获二等奖，33人获三等奖，本人获辅导奖。英语老师指导的学生，在参加新星杯英语词汇大赛中四、六年级组获三等奖，教师获指导奖。自然老师指导的学生，在参加数棋比赛中，王硕获一等奖，薛涵、钟晨铭分获二、三等奖，教师获辅导奖。学校轮滑队的杨洪祥老师，坚持有计划训练，边学、边练、边训，花费了多少心血才初具规模。我们的语文教师所辅导的学生孟妍《我爱地球妈妈》小诗发表在815期的作文导报上，刘兆阳写的《为了买卡，险些挨打》的小记者快讯登在北京少年报363期上。学生的成功来自于老师的培育，小荷敢露尖尖角，是我们三小每位教师的光荣。

（四）发挥主渠道作用，激发学生创造潜能

课堂教学是实施素质教育的主渠道，也是推进素质教育的中心环节。在课堂教学中，突出主体地位，提高40分钟的效率，给课堂教学以活力，使课堂教学达到师生情感融洽，信息交流通畅，真正做到把时间还给学生，把民主与和谐的氛围带给学生，让学生主动学习，学会学习，做课堂学习的主人。突出主题，加强训练，让每个学生都有自主学习的心向，让每个学生都有自主学习的机会，让每个学生都有自主学习的能力，是当时阶段在课堂教学中确立的主要宗旨。通过按年级进行的家长开放课，青年教师的电化教育研究课，以及中年教师的献优课等多种形式进行听评课。数学课的引导自学的教学模式，英语、音乐课的导学导练的教学模式，以及语文课主体性学习方式等无不体现出课堂教学让学生自主学习的共性。

1. 营造课堂氛围促其乐学。

在课堂教学中营造一种民主、和谐的学习氛围，使学生乐学。刘芳老师的配乐朗读，杜少侠老师入情入理地评读，李合鑫、巴洪新老师指导的英语小品表演等，把学生带入学习的情境，调动了学生参与的积极性，从而达到乐学的目的。

2. 多媒体辅助教学，促其爱学。

通过培训，教师们学习了一些软件制作的知识，学校成立了电教组。在听评课的过程中，上课运用课件辅助教学的课达到90%以上，运用自制课件作为贯彻素质教育，提高课堂效率的一个要素，已成全体教师的共识。

语文教师李丽霞的《我爱三峡》运用多媒体展现了三峡的雄伟壮观和幽深秀

丽，使人有身临其境的感受；郭建荣老师的《飞夺泸定桥》，通过播放夺桥的精彩画面，使学生亲眼目睹了红军战士的艰难困苦与英勇奋战，明白了"不畏艰险"，富有感染力；王艳芬、袁红利老师的"圆锥的体积"，通过生动的画面，展示出圆锥、圆柱的形成，渗透了数学知识间的内在联系，这是其他方法所不能达到的；晓燕老师的音阶演示，形象生动，突出了音乐知识的特点；杜菊花、侯艳玲、赵英杰等老师的数学课件，通过切分、合并、煽动、组合等动态方式，形象地再现了思维过程，把抽象的思维具体化，学生易于接受，使学生在学习、思维的活动中掌握了知识。多媒体辅助教学使课堂更加丰富多彩、有趣，学生更加乐学。

3. 指导学法，促其会学。

在学生学习过程中，教师要引导学生自主学习，促其主动参与。调动学生的多种感官，使学生眼到、手到、心到。孙启侠老师的《西林格勒大草原》，依据课文特点，体现导、扶、放的过程，通过提问，引导学生自主学习；郭建荣老师的《飞夺泸定桥》围绕"飞夺"，通过默读、勾画、讨论、朗读，体验当年的情景。

在课堂教学中，唤醒学生的主体意识，明确学生的主体地位，培养学生的主体能力。如果没有学生们主动的学习和思考，也就难以有未来的发展与创造。让课堂教学变成激发学生学习兴趣的催化剂，变成激活学生想象力和创造力的及时雨，在课堂教学中注意培养、教育、发展相结合，以学生为主体，调动学生学习积极性，促其全面发展。

（五）加大培训力度，实现教师队伍的整体优化

1. 开展师德培训，提高教师职业道德水平。

我们一贯注重师德培训工作，全面加强师德建设，铸师魂、修师德、树师表、练师能，以良好的师德回报人民、回报社会，是教师的内在需要和动力。通过学习教师职业道德规范等，提倡创文明校、做文明教师活动，使全体教师具有献身教育工作的动力。在工作中体现出敬业精神，尊重、热爱学生的职业情操，争做为人师表、教书育人的楷模。

2. 开展教育教学技能培训，提高教师岗位能力。

通过全员培训，着力提高教师的师德水平，组织学习弘扬敬业精神的同时，利用寒假时间，组织电脑知识培训，强化现代教育教学基本技能，大力推广和应用计算机进行辅助教学，自制教学软件，并切实应用到教学实践中去。为了提高全体教师的整体素质，我们提出了更新更高的要求，把学历培训与继续教育相结合，注重教师学习的具体内容和学习实效性，不走过场，做到学有所获。采取集中学习与分散学习相结合，面授与自学相结合的方式。教师们发扬不怕苦不怕困难的精神，挤时间学习，正确处理好工学间的矛盾，很好地完成了续教任务。在学历培训方面，老师们更是顽强拼搏，多名教师参加了高一级学历进修，还有部分教师克服种种困难，报名参加区进修学校组织的"小自考"大专学历进修并取得大专毕业证书。就此向学历进修，学校还专门制定政策，每考过一个学科都给予奖励，拿到毕业证书者给予资金补助，以此来鼓励教师坚持完成自学考试，以不断提高自身理论水平和岗位能力而更好地胜任本职工作。

（六）丰富校园生活，展现五彩画面

结合学校实际情况成立校级和班级兴趣小组30个，学生全员参加，活动过程中做到有计划、有组织、有措施、有落实。经过一个学期的实践，取得了可喜的成果。

体育组三位教师身先士卒，在全体教师共同配合下，仅用一个多月的时间，400人的广播操表演队圆满完成了任务并受到上级领导的表彰。在几位数学老师的努力下，他们辅导的学生分别在数学竞赛中获得一、二、三等奖项，他们本人获得优秀辅导奖。语文学科教师辅导的学生在全国作文竞赛中也分别获得了一、二、三等奖项，教师获得了相应的优秀辅导奖。音乐、美术、书法等学科教师辅导的学生同样获得了各种比赛奖项，为三小争得了荣誉。由于教师们的精诚协作，努力工作，在深入推进素质教育的进程中，学校的课堂教学水平也有了显著提高。在1999年的六年级毕业考试抽测中，被抽测的40名学生语文平均分为1992.66，数学平均分为96.98，创下了三小多年来抽测成绩的最好纪录，在全县名列前茅。

（七）加大对青年教师的培养力度

青年教师的培养工作，直接关系着学校将来教育教学质量的提高，我们将此项工作作为学校工作的重点，常抓不懈，专门制定了"培养青年教师工作计划和措施"。

1.明确目标，分层培养。

根据学校青年教师实际，将28名青年教师有计划地分成三个梯队。（名单略）

2.计划要求。

一梯队教师能承担做县级展示课、研究课和骨干教师工作。积极参加县级基本功竞赛活动，力争创一流水平，三年后三分之一教师具备大专以上学历。积极参加争创名师活动，努力使自己成为学校教学工作的排头兵。要在教育教学工作中具备良好的师德水平，走在学校各项工作的前列，并具备教研、科研工作能力。

二梯队教师要努力钻研业务，积极承担学校各项工作。积极参加校内的教研活动，承担校级研究课、公开课、开放课等任务。大胆进行各种教学实验，不断丰富自己，积累经验，三年内50%的教师达到大专以上学历水平，能够在县级以上做课。

三梯队教师要认真向有经验教师学习，勇于承担学校分配的工作，努力完成教育教学任务。加强学习，提高学历水平，争取早日达到大专以上学历水平。积极参加专业培训，不放过任何一次培训的机会，诚恳拜师，虚心求教，不断积累经验，三年后成为学校骨干教师。

3.具体措施。

（1）提高思想认识，教育青年教师热爱教育事业。首先有计划地组织学习文件，使他们通过学习，树立从教光荣的信念，培养献身教育事业的精神。积极组织青年教师开展劳动竞赛、节日庆祝、参观等系列教育活动，结合活动评选优秀青年教师，培养骨干。引导青年教师积极承担学校做课、展示活动，组织专题研究，把青年教师引到钻研业务的路子上来。

（2）重视教学工作，狠抓教学环节。抓住青年教师的备课环节不放，研究教学目标、教材内容和学生情况。定期检查备课笔记，对优秀备课提出表扬。请教研员来校指导，坚持评课制度，每学期评出优秀课进行表彰。坚持领导听推门课制度，有计划进行教学指导活动。支持青年教师走出校门，学习外校经验，上好汇报课，促使青年教师尽快提高教学水平。

（3）充分信任，敢于压担子。一梯队教师是学校骨干，要鼓励支持参加县级以上教学研究活动。二三梯队教师，每学期要明确具体任务，最少做一节校级研究课。创造一切条件，在实验教学中大胆使用，提供在实践中探索的机会尽快成长。督促和加大基本功的联系机会，加大检查评比力度，促其教学水平的不断提高。

（4）关心和提携青年教师。要敢于在青年骨干教师的思想和业务提高上花本钱，每年至少拿出适当的资金作为培养骨干教师的经费，为青年教师的提高办实事。鼓励青年教师在不影响教育教学工作的前提下，提高学历层次。学历每提高一个档次，学校在财力支出上给予鼓励性表示，体现对青年教师的关心。对做出成绩或贡献的教师，在学期末给予表彰和奖励。

总之，加强对青年教师的培养，关键是要讲求实效，措施得当。力求将培养青年教师的工作落在实处，争取早日实现学校发展目标。

（八）出台教师评价方案

1. 总体思路。

教师评价作为教育质量评价的重要组成部分，在提高教育质量，促进学生全面和谐地发展，正在发挥越来越大的作用。建设一支具有良好政治业务素质，结构合理，相对稳定的教师队伍是教育改革和发展的根本大计。教师素质的全面提高，是全面贯彻教育方针、全面提高教育质量的最关键的因素，最核心的问题，是工作中的重中之重。根据国家对教师的要求和教师工作特点，运用可行的方法、技术对教师的德、能、勤、绩进行价值评判，从而对教师队伍的管理提供正确依据，为教师改进工作、自我完善服务。我校结合本学年的具体工作计划及教师基本功大赛等项工作，制定教师评价方案，使教师对自己的工作职责有一个清楚的认识，以促进学校的教育教学工作，为全面推进素质教育打下基础。

2. 明确教师评价的意义。

（1）通过教师评价，可以对教师选拔及资格认定，并了解教师在思想修养、师德、业务能力等方面是否符合基本要求。

（2）通过教师评价，可以有效地考核教师履行职责情况，教师是否完成了规定的教育教学工作，对工作质量可以作出符合实际的判断。

（3）通过教师评价，对教师的工作状况作出比较，为确定先进与落后，优秀与差劣提供材料，可以使教师评价工作有更加科学的标准。

（4）通过教师评价，有助于改进教育教学工作，端正教师的教育思想，教师要面向全体学生，树立素质教育观念，及正确的质量观、学生观。

（5）通过教师评价，了解教师队伍的状况，对教师培训、管理、教研、科研等方面提供信息，为管理提供依据。

3. 评价内容及评价标准。

对教师的评价内容主要从教师的德、能、勤、绩四个方面来考察，依据《中小学教师考核指标体系》的权重系数及我校的具体工作安排确定各个方面的分值配置，根据单项得分，进行综合评定，作为学年考核评优的依据。

（1）政治思想和教师的职业道德。

①参加政治学习及学习笔记。

教师要积极参加政治学习，按时到会，不迟到，不早退，中间不离会，认真听会并记学习笔记，有事请假，如缺会，要及时补齐相应的学习笔记。（政治学习3分，缺会一次扣0.5分；学习笔记3分，少一次学习笔记扣0.5分）

②职业道德。

教师的职业是教书育人，教师的道德是社会对教师在工作中的道德行为要求。以此规范教师的行为，我们应该懂得：教师的职业道德具有自觉性，教师勤奋工作，教育学生是以自觉性为基础的。

尊重学生：关心热爱每一个学生，在教育学生的过程中，公平对待学生并尊重学生的人格。坚决杜绝体罚和变相体罚现象，或用语言污辱学生的现象。（此项计4分，如出现体罚此项不得分）

③全体教师加强对学生进行安全教育，教师要有一定的记录，能及时发现和消除安全隐患，教师和学生无事故确保安全。（此项计3分，无事故给满分）

④做好学生的评价工作。形成性评价，以积极的态度正确引导学生进行评价，使学生形成良好的行为习惯；成绩评定，要客观公正，1-3年级各学科按等级评定，（优秀、良好、及格、待及格）4-6年级仍按原方式评定；评语，要突出学生特点，能体现出评语的激励作用，语言流畅、用词恰当。（此项计3分，很好3分，较好2分，一般1分）

（2）教师出勤。

①严格遵守学校的作息制度，有事有病要及时请假，经允许方可休假，上班时要及时销假。（此项计4分，休一天扣1分）

②不得随意迟到、早退，有事外出要请假，如不请假一经发现按迟到、早退扣去相应分值。（此项计3分，每次扣0.5分）

（3）教育教学能力。

①班级各项活动。

品德教育：教师要明确自己的职责，真正做到教书育人。教师根据学校德育工作计划及所教学生的年龄特点，有相应的德育目标，能在教育教学过程中加以实施。（此项计3分，以班队会记录为准，少一次扣0.5分）

班队会活动：认真开好每一次班队会，主题选择切合实际，内容丰富多彩，形式多样。（此项计4分，按少先队评价得分，加权重计最后得分）

班级管理：对学生的日常政治思想工作、后进生转化工作、班级创建文明班风、尊师守纪、文明礼貌、团结友爱等方面的教育情况良好，师生关系融洽，与家长联系密切，学生学习积极性高，兴趣浓厚，路队好。（此项计4分，突出4分，较好3分，一般2分，出事故一次扣1分）

组织学生参加活动及竞赛：有关教师要给予辅导，要充分发挥教师自己的优势，广泛培养学生兴趣，发展学生的特长，推进素质教育的开展，此项计3分（成绩突出的3分，较好的2分，一般的1分）

②教学工作。

教学工作是学校的中心工作，对教师的教学工作评价是优化教学过程和教师队伍、提高教学质量的重要环节，对教学工作的评价可分为以下几方面的内容：

制定本学科的教学计划：以教材为中心，按教学大纲的要求，认真制定本学科的教学计划，按时上交。（此项计3分，晚交一天扣1分）

教师备课：教师在掌握大纲的基础上，把握重点、难点，制定出科学、合理的教学目标（包括知识技能、智能、思想品德）教案条理清楚，能注意知识间的联系，充分体现教法和学法，体现学生的年龄特点。对知识规律、课堂小结，教师归纳时要字斟句酌，简明扼要、通俗易懂。课后及时小结，课中出现的问题小结中要有体现。教案全，符合规范要求双基目标恰当，有培养能力措施，有发展智力安排。（此项计5分，突出5分，较好3分，一般2分，缺教案每课扣1分）

教师上课：课堂评价包括教学目标、教学内容、教学组织、教学方法、教学基本功、教学效果六个方面，按学科课堂教学评价进行评分。在课堂教学中，教师要勇于开拓创新，争创佳绩，对在课堂教改上有突出表现的给予适当鼓励。保证教学过程中无知识性错误。（此项计13分，按课堂评价计分后加权重计算出最后得分，如出现知识性错误每次扣3分）

教师基本功：根据《关于开展中小学教师基本功竞赛的通知》，分阶段进行基本功竞赛。1.课堂教学能力竞赛。全校每位任课教师上一节课，按要求从分析教材、编写教案、运用教学语言、设计教学板书、应用现代化教学技术等对每位教师的课堂教学进行评价（粉笔字以本课为准）。2.基础知识和基本技能竞赛。基础知识包括：《北京市中小学学科教学文件汇编》和教学大纲。基本技能包括简笔画、粉笔字、普通话水平、学科单项技能。（此项计3分，校级1分，县级2分，市级6分）

教师演讲：以普通话话题谈话练习10个专题抽签定题，三分钟即兴讲演，要求做到准确（语音标准，吐字清晰；词汇、语法合乎规范，没有语病；内容正确，中心突出）自然流畅（语流通畅，前后连贯；语意完整句式简洁；口语化，贴近生活）清晰（语脉清晰，层次井然；逻辑性强，不颠三倒四）、生动得体（语调自然，音量适度，语速恰当，有节奏感；语汇丰富，句式多变，表达方法多样，有感染力；表达有分寸，根据表达的内容、环境对象的不同，恰如其分地选择词语的表达方式）（此项计3分，一般给1分，良好给2分，突出给3分）

学生作业：以抽查为主。教师批改学生作业，只使用"√"或"\"不得出现"×"；及时批改、复批并注明书写正确、日期，有具体指导，作业量适当，针对性强，有鼓励性的语言。（此项计3分，一般情况给1分，达到较好给2分，做到突出给3分）

教学效果：学生能掌握所教双基，并受到教育学习方法、能力、智力的训练、培养，期末成绩达到上级规定的指标。（此项计3分，一项未达到扣1分）

目标检测分析：在教学过程中，严格教学进度，按时进行目标检测，目标检测作为一种检查教学效果的有效手段，教师要认真对待每次的检测，及时进行补标。根据教研室工作布置，每次目标检测后要有书面分析，找出问题和补救措施，不断总结经验，提高自身的教育教学水平。（此项计3分，少一次扣1分）

教师作课：教师积极参加作课（此项计3分，校级作课1分，县级作课2分，市级作课5分）

③组织课外兴趣小组：

通过组织丰富多彩的课外兴趣小组活动，可以激发学生的学习兴趣，开拓学生的知识视野，提高学生多方面的素质水平，每一个组织兴趣小组活动的教师做到各负其责，按要求完成相应的任务。

活动计划：各个兴趣活动小组的教师，在每学期初，制定出切实可行的活动计划，上报学校，计划中有明确的活动目的、活动内容、活动目标。

活动过程：有每次活动的记录，能有意识地积累活动资料，依据计划中的内容积极辅导学生。使学生在原有的基础上有一定程度的进步，以培养学生多方面的兴趣。

各兴趣小组根据学校的工作安排，每学期期末进行成果展览。

在活动过程中，教师要有多方面的技能，力求具有指导学生课外科技学科、文体、艺术等某项活动和社会实践的较强能力，坚持指导学生课外活动并有一定的成效。

4. 教育教学业绩。

（1）学生受到社会表彰：教师积极指导学生参加社会实践、科技、文化等项活动，学科成果获县、市以上奖励，有一个学生加一分。

（2）教师论文发表或论文获奖：教师积极参加教育教学理论的学习，能积极参加教研活动，写论文并获奖（县级获奖加2分，市级获奖加3分；县级刊物发表加2分，市级刊物发表加3分）

（3）教学受到上级表彰：科室级奖励加1分，县级奖励加2分，市级奖励加3分。

（4）教科研获奖：县级获奖加1分，市级获奖加2分，发表加1分。

（5）教改获奖：县级获奖加1分，市级获奖加3分。

教师工作质量综合评价，每学期末进行一次。由考评小组的工作人员按学校工作安排、各项工作的评价指标收集有关资料，根据有关的第一手资料，按标准评定教师的职业道德、教育教学能力、工作态度及考勤、教育教学业绩的分数，各个指标之和即为教师的学期评价结果，评价结果要告知本人，进行认同。

5. 教师评价方案的简要分析。

（1）评价的目的。

教师评价作为教育质量评价的重要组成部分，对提高教育质量，促进学生全面和谐地发展，将发挥重要作用。通过教师评价，可以对教师选拔及资格认定。了解教师在思想修养、师德、业务能力等方面是否符合基本要求。通过教师评价，可以有效地考核教师履行职责情况，教师是否完成了规定的教育教学工作，对工作质量可以作出符合实际的判断。通过教师评价，对教师的工作状况作出比较，为确定先进与落后，优秀与差劣，提供材料，可以使教师评价工作更加科学标准。通过教师评价，有助于改进教育教学工作，端正教师的教育思想，教师要面向全体学生，树立素质教育观念，及正确的质量观、学生观。通过教师评价，了解教师队伍的状况，对教师培训、管理、教研、科研等方面提供信息，为管理提供依据。

（2）方案使用过程及效果。

结合本学年的具体工作计划及教师基本功大赛等项工作，制定教师评价方案，使教师对自己的工作职责有一个清楚的认识，以促进学校的教育教学工作，

为全面推进素质教育打下基础。

方案在实施过程中，学校各职能部门，每月根据教师的工作情况依照方案对教师予以评价，运用可行的方法、技术对教师的德、能、勤、绩进行价值评判，从而为教师队伍的管理提供正确依据，为教师改进工作、自我完善服务。

在使用过程中，我们根据局、校工作计划的执行、落实情况，对评价指标体系中的权重系数，经教代会及时予以调整。

该评价方案在一定程度上调动了教师的积极性，特别是青年教师更加努力提高自身素质，加强自身修养，严格要求自己，努力积极工作。为学校工作的全面开展，起了极大的促进作用。

（3）评价结果的使用情况。

通过综合评价，学期末，依据指标体系中的各项进行打分量化，根据分值及各部门教师的情况及人数比例，对教师的工作情况进行综合评价，并评出相应的等级。

对评价方案的评价：该评价方案基本上发挥了教育评价的导向功能、激励功能、鉴定功能。该评价方案全面的评价了教师的各项工作，标准科学，可操作性强。

该评价方案是在全面征求了教师意见、经领导班子认真论证、教代会本着对学校工作认真负责的基础上制定的，评价方案教师认可，因此实施起来比较顺利。

在实施过程中，通过多渠道、多方法，多侧面、多层次地掌握教师的教育教学情况，比较客观地反映了教师的工作业绩，第一手资料翔实可靠，从而保证了评价的真实性和可靠性。

三、三年任期目标达成情况

教育思想是办学的灵魂，管理水平是办学的关键，教育质量是办学的生命。

（一）建设一支符合21世纪要求的教师队伍

几年来在我校已形成一个共识：学校硬件水平只是一个投入的问题，有钱就能办到，而软件水平和潜件水平（思想观念等）的提高远比硬件水平的提高复杂得多，因此我在学校管理工作中，以人为本，始终抓住人的因素不放，务本求实，走切合自己的路。

1.利用现有条件，提高教师政治理论教育理论水平，并且对教师进行分层次分阶段的培训。目前，经过系统的培训、学习和教师们的教学实践，以计算机为代表的现代教育技术以融入我校每位教师的教学活动之中。人人能开发课件，门门学科都能运用现代技术辅助教学，已成为我校一大特色。此外，学校还发行了多位教师自制的教学软件系列光盘，教师开发课件上千个，这在北京市也是少见的。

2. 大部分教师在师德、文化业务、授课、教研、科研、计算机技术等方面在全县处于领先地位。出现了名师，这为学校适应新世纪的需要，奠定了良好的基础。

3. 三年来各种措施和激励机制大大调动了广大教师学习工作的积极性，教师们以"外树形象，内练素质"为宗旨，以"校兴我荣，校衰我辱"为动力，鞭策自己不断进步、不断提高。教职工61人，专任教师58人，其中大专学历19人，大本学历11人，大专以上学历占全校总数的50%。

4. 学校领导班子正带领全体教师逐步实现办学目标，在两个100%的基础上（教师100%会使用计算机，100%会自制教学课件），利用教育科研这个支点，大力开展教育教学科研活动，向科研的深度和广度进军，向国家级科研课题进军。同时大力开展学生个别化学习、小组协作学习、自主学习、网络学习等研究，为21世纪培养合格的人才。

5. 每学期对教师的工作任务，目标过程和效果进行系列化管理，并依据科学、可行的评价方案进行科学合理的评价，大大激励了广大教师的工作积极性。

（二）校园建设和办学条件的改善有较大突破，全力以赴提高办学效益

1. 校园环境建设在巩固的前提下进行合理的调整和提高。三年来在自筹资金的基础上对教学楼内外进行装修，建领操台、器材室、车库，加高围墙。翻建10间教室，3间伙房，接通天然气，购置燃气大灶、燃气锅炉等投资近40万元。

2. 几年来，学校自筹资金60多万元逐渐建立起计算机教室，多媒体教室，教室CAI备课室，电视演播室，音像资料室，计算机校园网和现代化双向教学系统。今年又准备装配多媒体网络教室，使教师强化现代化教育意识，树立素质教育观念。真正通过现代教育技术手段的应用切实减轻学生过重的课业负担，使师生双方从繁重的传统教学方式中解放出来，为全面提高学生的素质提供了用武之地。使我校的硬件建设，软件建设，潜件建设均达到了较高水平。与此同时教职工的福利待遇也得到了明显的提高和改善。

3. 在本届任期过程中，始终把德育工作置于学校工作的首位。建立健全一支

以校长、主任、大队辅导员、品德教师、班主任组成的德育工作领导小组，德育工作做到了有计划、有布置、有总结，活动讲实效、活动系列化，齐抓共管的工作局面。

4. 始终把全面推进素质教育置于重中之重的位置，牢牢抓住课堂教学这个事实素质教育的主渠道、开展各项工作。学校形成了教改、教研、科研同步进展的势头，在日常管理过程中把教改、教研、科研活动记入教学档案。并把此三项工作纳入学校常规管理。

5. 重视培养学生特长，把此当作推进素质教育的重要内容，并付诸实施，建立了相应的兴趣小组，从而使部分学生学有特长，重点有突破。

（三）第一个三年任期迈上新台阶

学校获得了"北京市电化教育优类校"，区"全面育人办有特色校"、"综合办学效益优类校"，堪称大兴普教的电教之花，使三小赢得了良好的社会声誉，基本上实现了一年一个台阶。

1997 年，全县小学教育工作会上，我校认真开展家教工作，受到局领导的表扬，学校工作形成良好的转变，取得教育教学二等奖。教师基本功大赛取得优异成绩。（二人获一等奖，一人获二等奖，学校获集体奖）。

1998 年，全县小学教育工作会上，我校大力培养青年教师，积极参加教学改革取得优异成绩受到大会表彰，取得教育教学一等奖。我校《努力培养高素质的教师队伍》的总结材料在大会上交流。也是在这一年，全县电教工作研讨会在我校召开，我校教师自制课件的展示课获得市县领导的赞赏，同时迈出了我校运用现代教育技术实施素质教育的新步伐。

1999 年全县小学教育工作会上，我校被大会命名为"全面育人，办有特色"学校，在会上做了典型发言，我们的工作得到大会领导的充分认可和赞同，并在少年宫召开的全县总结大会上再次以《用好现代教育技术实施素质教育》为题作典型发言，得到大会的高度评价。

附：三年内代表性的集体获奖
1. 1997年1月被大兴进校评为数学试验班口算比赛成绩优胜奖。
2. 1997 年2月被教育工会评为教代会档案达标单位。
3. 1997 年3月和10月被市少工委、市团委、市教委评为星星火炬奖。
4. 1997 年被教育局评为后勤先进工作单位。

5. 1997 年被局团委评为先进团支部。

6. 1997 年被评为北京市教委乐器教学先进学校。

7. 1997 年被教育局评为迎香港回归知识竞赛优秀组织奖。

8. 1997 年5月在北京市乐器教学汇报演出中获优秀节目奖。

9. 1997 年获数学试验教学速算比赛团体优胜奖。

10. 1997 年12月被教育局评为教师基本功大赛集体优胜奖。

11. 1997 年12月被北京市少工委评为队报先进少先大队。

12. 1998 年获"惠永杯"大兴县青少年四驱车比赛团体第三名。

13. 1998 年获推广马芯兰教改经验成绩显著奖。

14. 1998 年获大兴县第六届合唱节校级、班级三等奖。

15. 1999 年被教育局评为培养青年教师成绩显著奖。

16. 1999 年被教育局评为后勤工作先进集体。

17. 1999 年3月荣获大兴县中小学生校歌比赛一等奖。

18. 1999 年5月在"法律之声"专题红领巾广播活动中获得优胜奖。

19. 1999 年1月被大兴县评为1998年度文明单位。

20. 1999年5月获1997——1998年度小黄帽路队制先进校。

21. 1999 年1月获大兴县"新星杯"英语词汇游戏大赛团体二等奖。

22. 2000年1月获十六届"迎春杯"数学竞赛组织奖。

23. 1999 年12月被教育局评为"全面育人,办有特色"先进校。

24. 1999 年12月在大兴县系列读书活动中被评为优秀组织奖。

25. 2000年1月被县政府督学室评为"实施素质教育优类校"。

26. 2000年3月获大兴县"庆新春千盏花灯映星城"二等奖。

第二章 创新思路促提升（2000——2003）

黄村三小（现在的大兴三小）确立了"以教育改革为基础，以教育科研为支点，以现代教育技术为突破口，以名师带动名校为手段，全面创建21世纪的新型学校"的办学目标，开拓进取、锐意改革，探索出一条运用信息技术实施素质教育的新路，获得了"北京市电化教育优类校"，区"全面育人办有特色"校、"综合办学效益优类校"等诸多荣誉，堪称大兴普教的电教之花，使三小赢得了良好的社会声誉。跨入新世纪，特别是中国成功加入WTO，给我国教育的发展带来了无限的机遇和挑战，作为一校之长，我一直在深深地思考：黄村三小新的生长点在什么地方？如何使学校实现第二次腾飞呢？校长又应该具备怎样的理念和管理能力呢？

一、校长第二个任期目标——创新思路促提升

（一）加强自我修养和自身素质的提高，跟上教育形式的发展

一是坚持学习，积累管理经验，向研究型迈进；二是进行科学管理的探索与研究，巩固拓展学校的办学特色，使现代教育技术在教育改革中发挥更大作用；三是争取在任期内使学校管理及各项工作取得更好成绩，迈上新台阶。

（二）努力建立一支能适应新世纪教育发展的干部队伍

一是具有较高的政治素质，密切联系群众，有奉献精神；二是具有较高的业务素质，既精于教学业务又善于本岗管理，三年内熟练操作计算机技术并能指导教师运用现代教育技术进行教育教学改革实践；三是校长对干部侧重垂直组织结构管理，使干部真正成为教育教学活动的组织者、指导者、大胆改革创新的带头者。

（三）建设培养一支符合新世纪要求的教师队伍

一是使教师成为具有良好师德、遵纪守法、关心爱护学生、教育教学水平逐步提高的教师队伍；二是全体教师除了完成教育教学任务外，要有相当一部分教师在各方面处于领先地位，成为名师；三是争取所有教师具有合格学历，大专以

上占70%，小学高级教师占40%。

（四）校园建设和办学条件改善有较大突破

一是校园环境建设进行合理调整，在调整的同时实现提高直至达标，在绿化美化的同时达到育人的目的；二是努力改善办学条件，逐步实现县局下达的办学指标要求，把重点放在服务教育改革上，争取各方的支持，加大投入力度，力争实现较大突破；三是建一座高档次一流的多媒体网络教室和能容纳200人的多媒体阶梯教室，以适应教学窗口示范作用的需要；四是把完成教育科研放在学校日常工作的重点位置，完成利用现代教育技术实施素质教育的研究。

（五）全力以赴提高办学效益

一是确实把德育工作放在首位，建立领导小组，形成德育工作有计划，活动系列化，齐抓共管讲实效的局面，形成良好校风；二是把素质教育置于重中之重的位置，形成教研、教改、科研同步进展的势头，并将教研、教改、科研纳入学校教学工作常规管理，将教改成果纳入教学质量体系；三是把学生能力及特长培养纳入素质教育的范畴，面向全体学生建立相应的学科兴趣小组，使部分学生的特长达到比赛有成果、重点项目有突破，并为高一级学校输送高素质毕业生；四是把学校后勤工作、少先队工作、体育卫生工作等纳入一流水平的轨道，使学校各项工作都有明显提高，得到上级、社会家长的好评。

二、创新教育呼唤创新的校长

创新教育呼唤着教育的创新，教育创新召唤着校长管理的创新，每一个校长面对扑面而来的教育改革世纪风，在看似平凡的教育中凸现教育创造意境。"敢探未发明的新理，敢入未开化的边疆。"深层次地开发中国最丰富的智力资源，为中国教育走向世界做出应有的贡献。

（一）教育事业是创造性的事业，教育事业呼唤校长必须具有创新的理念

"创新是一个民族进步的灵魂，是国家兴旺发达的不竭动力"，教育事业是创造性的事业，现代教育的核心是培养人的创造精神和创造能力，而创新是一所学校的魂之"魂"，是一所学校兴旺发达的不竭动力。在某种意义上说，学校的发展在改革，改革的潜力在于不断地创新，开放的世界，需要开放的教育，开放的教育需要创新的校长。

一个没有创新理念的校长，又怎能接受时代的挑战，又如何带领全校教职工去研究新情况？发现新问题？又如何有效地利用学校内部、外部的环境，人文优

势，去因地制宜，改革创造，培养学生的创新精神，开创学校工作的新局面？因此校长必须具备创新的理念。

学校管理的创新理念，它虽然只涉及人的思想、意识，不涉及财务，不涉及环境条件，但对学校管理的影响力却极大，具有决定意义，正如英格尔斯所说："再完善的现代化制度和管理方法，再先进的技术工艺，也会在传统人的手中变为废纸一堆。"因此教育创新的关键是人，而人的工作创新关键是人的理念。当前，知识经济浪潮初见端倪，新的世纪呈现在我们面前，学校校长，如果不能面对迎面而来的新世纪教育革命的浪潮，及时改变自己滞后的管理理念，确立现代管理理念，就很难适应时代和社会发展的要求，也将被时代所淘汰。

学校管理是一个动态的概念，不论从哪一个角度理解，它的实质都应当是"变化"和"进步"。因此面对新世纪挑战的校长，在学校管理中必须把握学校管理的精髓——"变化、发展、进步"，以深化改革、促进管理、发展学校。校长要敢于向陈旧的、落后的传统观念和传统方法挑战，思前人之所未思，发前人之所未发，不沿袭旧路，不墨守成规，以积极进取的精神进行创新管理。在学校管理的新旧观念的剧烈碰撞中，校长要永远保持对新事物的敏锐感知力，对新动向的细微观察力，在不断探索学校教育及其管理规律的实践中，审时度势，标新立异，革故鼎新，使学校永远保持蓬勃的生机活力。

（二）创新的教育是开放的教育，创新教育要求校长必须具备有创新管理的能力

创新的校长，不仅要有良好的政治思想品质，广博的岗位知识，扎实的岗位能力和健康的体魄，更要求校长具有创新能力的个人素质。教书但不唯书，以"纲"而不唯"纲"，站在时代发展的前沿，洞悉教育发展规律，积极主动地思考教育教学问题，分析教育教学现象，探究教育管理规律，以自身的创新能力，引导并启发培养与激励教师的创新精神，形成创新的良好氛围。哈佛大学陆登庭校长在北京大学的讲坛上说："在迈向新世纪的过程中，一种最好的教育就是有利于人们具有创造性，使人们变得善于思考，更有追求的理想和洞察力。成为更完善，更成功的人。"唯有如此的教育，如此的校长，中国的教育才有希望，中国的教育才能走向世界。

创新的校长更要具有管理创新的能力。如何进行管理创新，校长必须冲破很多固定的框框、禁区，不沿袭传统的教育管理模式，而必须进行一场教育、教学、学习的革命性变革。从因循的、模仿的、学习的、理解的、记忆的拓展到一种前所未有的创造领域中去。校长管理的任务就是要发现和开发蕴藏在学校各个系统的、各位教职员工潜在的创造性品质，并在全体员工的创新工作和教育实践的过程中，尽可能灵活多样地运用教育手段，设置多样化的情景，采取多样的活动方式，运用多样的评价手段，不断激励和鞭策全体教职员工，正确引导和促进不同个性、创新精神和实践能力的发展，发挥出1+1=2或大于2的能量。而要实现这一目标，人本观念告诉我们：管理的核心是能动的人，管理的动力是人的主动性、积极性。校长要组织实施创新教育，在管理中，必须以做好人的工作为本，要一切着眼于师生员工，一切依靠师生员工，一切为了师生员工。校长要尊重人，信任人，理解人，关心人，爱护人，解放人，要采用民主、平等、和谐的管理模式，创设一种理昭昭、情切切、乐融融、活生生、法严整、笑盈盈的学校小气候，让每一位教师都奋发向上、努力进取、跃跃欲试、大胆尝试，勇于开拓，形成教学谈创新，备课想创新，课堂教学实施创新，学校管理开拓创新，从而获得学校工作整体创新发展的合力。

（三）创新的校长要把创新的理念传递给教师，把创新的精神落到实处

校长要善于把创新的理念传递给班子成员和教师，让他们理解校长的办学思想，读懂校长的创新管理策略。2001年，我们提出"三化三手"、"两全两高"的新的奋斗目标。即：实施素质教育观念现代化、教育环境现代化、教育手段现代化，培养教师成为开展教育科研的能手、捕捉现代教育信息的高手、锐意进行教学改革的巧手；实现教育面向全体学生，学生全面发展，促进学校高水平、高质量发展。校长创新理念和创新管理能力的进一步落实，会更加促进"三名工程"（名学校、名校长、名教师）的实施，从而塑造与整合学校美好的形象，促进学校发展，并在发展中寻求提升点。

（四）创造性的工作思路，化开难解的问题

"一切为了学生，为了学生的一切"是学校的办学宗旨。我校不但在全面育人、办有特色学校方面取得了显著成绩，而且在特殊学生教育方面，更显现出工作思路的独具匠心。

1999年11月，学校接纳了一名特殊的学生魏某某。这个孩子从小患有血液病，直到12岁才能上学，但其体质太弱，来校学习相当困难。为了能让孩子和正常孩子一样享受到学校教育，我毅然做出决定：送教上门。这无异于雪中送炭，正可谓大爱无疆。送教上门的任务由学校李秀莲老师担任，她用一颗真诚的爱心精心培育这棵小弱苗。李老师从a、o、e和1、2、3教起，学习语文、数学以及品

德、社会、绘画、手工、电脑等全部课程，坚持每天做广播体操和眼睛保健操，经过三年的努力，这个同学于2002年6月，与六年级学生一起参加了毕业考试，成绩良好，成为一名合格的小学毕业生。如今他已走上了工作岗位，迈向他人生光明的前程。

三、发展创新，开拓网络新天地

"世界越来越小，发展越来越快，慢走一步，差之千里，耽误一时，落后多年"。教育的发展更是永无止境，没有最好，只有更好。要革新先革"心"，教师只有思想解放了，具有现代化教育意识（潜件），才可能通过培训和管理，提高运用现代教育技术的能力（软件），从而提高设备（硬件）的利用率，即潜件水平带动软件发展，进而推动硬件设备建设。2002年12月我们参加了第一届北京市中小学信息技术教育成果展，向社会展示我们的风采，收到非常好的效果。

（一）新世纪启动了二次跨越的步伐，学校建立起具有一流水平的网络教室，我们的教师培训也向高深处发展。

2000年8月，我们克服重重困难，在上级领导的支持下，多方筹措资金，终于建立了学生多媒体网络教室。这个网络教室配置40多台电脑，无论从设备上还是功能上都具有一流水平。现代化的教学环境需要现代化的教学手段，我们的教师培训也从两个100%（即：100%熟练使用计算机，100%能制作课件，这也是运用现代教育技术实施素质教育的第一次飞跃）向高深处发展。学校多次组织教师进行网络教室技术的培训，大胆地探索和实践网络教室的应用，使教师的CAI课件由演示型向探究型发展。仅2001年3月到4月间我们共上网络课27节，为了实现学生学习过程的进一步优化，在校内设立课题组，做到人人有课题，初步形成课题网。在培养目标上，要学会在信息社会中，从多种途径获取信息，从而在某些方面有所创新，最终走向成功；在教学模式上，实现个别化学习、协作式学习、虚拟教学等；在内容上，是多方位的；在方法上，采用探究式、讨论式、自学引导式、交互式等，更突出以人为本的思想；在环境上更加宽松愉快。网络教室作为进行科研的主阵地，它具有声音广播、屏幕广播、远程遥控、网上影院、黑屏肃静、语音对讲、分组讨论、电子白板、远程命令、文件传输、作业提交、电子抢答、网上配置、录音跟读、电子举手、网上消息等功能。在研究的过程中，我们将在教科研实践的基础上，尝试创建基于建构主义学习理论基础之上的教学方法，以及针对具体学科和年级的网上搜集、整理、处理、运用信息的能力的学习模式。

随着网络时代的到来，面对2005年即将在中小学开设现代信息技术课程的新形势，我校还把学生的计算机培训列入重要工作日程，使学校80%的学生（三至六年级）基本掌握windows98的简单操作和中文输入方法，能通过网络教室运用"电子举手"质疑，运用"电子论坛"交流，学会上网学习，以培养学生的自主学习能力。

（二）硬件跟得上，软件不断增强。

2002年上半年，在资金并不宽裕的情况下，我们又投入近50万元建起了"千兆入校，百兆上桌"的宽带校园网，为每一位老师配备了电脑。开通了我校自己的网站。校园网经过几年的建设，已初步实现了校园各部门、各个办公室的计算机联网，信息点数量达500个，我校校园网的建设已具备一定规模，目前能提供E-mail、WWW、网络办公、FTP、VOD等服务，并实行技术与管理结合的网络安全措施。

在科学技术高度发展、传播日新月异的今天，懂得媒体已成为现代人必备的基本能力。教师更应具备这种能力，以提高教学效果。几年来，我校以低起点、高速度发展。我们在现有设备的基础上将进一步完善多功能教室，充分运用计算机网络教室，加快信息化进程。我们的教师不再是一支粉笔走天涯，教师必须懂得将教学媒体与教学目标结合，必须熟知各种媒体的性能并掌握其使用方法，从而培养学生的创新精神和实践能力。

硬件上学校拥有2个网络教室、1个多媒体教室和1个大型多媒体会议室，每6名学生就拥有1台电脑。硬件上的信息化环境，奠定了数字化校园建设的基础。为进一步推进数字化校园建设的步伐，我校以务实的活动的开展为载体。首先注意到不同层次教师的信息技术能力的培养和提高，对全体教师进行了信息技术初步培训，对35周岁以下青年教师进行重点培训。通过培训，广大教师的信息素养大大增强，应用信息技术的能力大大提高，将信息技术应用于课堂教学，在三小的课堂教学上已蔚然成风。并组织了教师信息技术"四个一"活动，即制作一个网络版课件、设计并制作一个网页、展示一项网络技能、撰写一篇关于网络应用的经验性论文，引导老师把现代信息技术引进教学，为教育教学服务。他们以备课组为单位进行学科资源库的建设，再定期进行优化整合，已在建立起富有本校特色、学科个性和实用价值的资源库方面迈出了实质性步伐。教师研究、制作了一批具有较高质量的多媒体课件，初步建立起课件库，尤其是数学、语文、自

然、英语、信息技术等学科已形成一定的规模。教会教师人人学会制作网页，通过组织青年教师和中老年教师的网页制作比赛，实现了90%以上的教师有个人网页的目标，并且将优秀的教师个人网页挂在学校或教研组的主页上。

四、"三化三手"促教师整体提升

现代化教学环境需要现代化教学手段，现代化教学手段呼唤现代化教师队伍。培养高素质的现代化教师队伍，以适应21世纪人才发展的需要，是我校在学校管理过程中又一卓有成效的措施。

(一) 为骨干教师提供锻炼机会

全面实施素质教育，提高教育质量，提高教师的教学水平，是黄村三小的一项长期的基础工程。为此，我们按照上级行政的基本要求，努力争取拓宽骨干教师的培养渠道，上报语文骨干教师3名，数学教师6名，科任教师10名。19名教师积极参加大兴区进修学校各个教研室的各项教研活动。通过学习、探讨、研究、交流等多种充电形式，他们的教学水平有了显著提高。凡参加县级辅导、听课和外出学习教师，学校尽可能给予时间保证，同时积极创造机会组织教师参观学习，拓宽视野，激发工作热情，促进观念转变。

(二) 加强教师基本功的训练

教师基本功训练与考核是学校提高教师素质的重要措施。根据教师教学比武课的评比标准，在全校教师全员参加的基础上，对教师的基本技能和课堂教学两方面进行严格准确的评价，并对所有教师进行统一理论考核。通过基本功竞赛活动的开展，教师对大纲的深入理解与掌握，对教材的重难点把握与确定都有了长足进步。通过学校内的基本功比赛，选拔推荐参加大兴县举办的教师基本功大赛的教师均取得好成绩，袁洪丽老师荣获一等奖。

(三) 青年骨干教师初露锋芒

青年教师是学校的未来与希望。为了锤炼青年教师，采取了大胆用、重点扶、热情帮、主动带的方针策略，为他们创作各种实践机会、提供成才的机会，在工作中信任他们敢于给任务、压担子。培养青年教师成长的典型，通过展示课、指导课、开放课等形式，不断锤炼青年教师队伍。在此基础上，让青年教师通过教研组的活动，不断提高自身的业务素质和水平，敢于作课、乐于说课、善于评课。使他们在工作中不断懂得，热爱事业是青年教师有所作为的前提，学无止境是奋发进取的源泉，把握机遇是崭露头角的关键，自我加压是走向成熟的催化剂，学校培养是健康成长的滋养品。并以此作为自己进步的动力，不断积累知识，丰富自己，而成为开展教育科学研究的能手，锐意进行改革的巧手。在参加教研室青年教师科任评优课竞赛活动中，李学静、巴洪新老师的品德课荣获一等奖，李合鑫老师的英语课、王志起老师的自然课荣获二等奖，居全县各校参赛比率之首，充分展示了我校青年教师的实力，也代表了学校的办学水平。

（四）强化教师整体素质的提高

首先，在政治思想上关心每位教职工，发挥党支部的政治核心作用，激发教职工积极向上，不断进取的爱岗敬业精神，加强师德教育、教育思想教育，使教师的政治素质、教育观念有了很大的提高。

其次，学校建立教师培训奖励机制，引导教师积极参加各种培训，建设良好的培训环境，制定具体可行的奖励措施。学校制定《教师综合评价方案》按分档累计总和评分，对成绩优异者给予奖励；另外专设教研成果、论文专著奖。这一系列措施鼓励教师积极学习、不断探索，以确保培训环境实现整体优化。

再次，为了更好地开展教研活动，减少教学中的盲目性，引导教师走教改之路，调动广大教师运用多媒体进行教学的积极性，继续开展每月一推荐一评优一表彰活动，举办家长开放课，诚请教研员来校听课指导，所有这些都加快了我校进行教学改革的步伐。

如果说我们的推荐、评优、表彰活动的开展，仅作为我们教师进行多媒体教学的起步阶段所采取的管理手段，那么多层次、多学科的教研活动，则激发了全体教师的教研热情，老教师老当益壮、精神焕发，骨干教师勇挑大梁、坚忍不拔，青年教师勇于开拓、积极进取，奏响了三小教育教学改革的交响曲。2000年下半年，我校开展了教师大比武活动，每人献一节课，作为教研组的研究课，集中备课。听课，评课，然后再由学校评课小组进行评课，优类课再在学校做研究课，活跃了教研的气氛。我们在教研活动安排上，秉承上学年的活动计划，层层深入，采取舆论上宣传，行动上倾斜，工作中重点扶持的方针，通过举办家长开放课向社会展示我们的课堂教学的改革成果。

五、"两全两高"育英才

（一）活动育人求实效。

1. 主题教育活动力争求新。

为了鼓励创新，开展了"金点子"创造活动，学生参与欲极高，参与面很

广。活动共收"金点子"263个，在校电视台播出33个，评出最佳金点子8个，这些金点子涉及日常生活、学习、环保、班级活动、科技文化等广阔领域。六（3）班孙雅娇、五（1）班顾楠同学荣获《北京少年报》脑筋转起来荣誉奖。

2. 评十佳少先队员体现自主性。

各中队层层推出候选人，34名候选人在电视中纷纷亮相，又通过专栏展板，宣传他们的典型事迹，树立榜样。在评选过程中，培养学生的民主、竞争意识。同时，教育指导学生要善于发现别人的优点、长处，不断向身边的榜样学习。

以"面向家长，宣传学校、展现师生风采"为宗旨的"六一"活动,立意新、点子新、形式新。家长与孩子同台演出、家长向学校赠送花篮锦旗把"六一"庆祝会推向高潮。三小得到社会承认，受到家长称赞。

3. 年级"联合中队"活动，好戏连台。

五年级的《21世纪我能行》组织学生包饺子、削苹果、钉扣子等，再穿插一些生活常识，集知识、趣味、教育于一体。二年级的《世界需要热心肠》，采用AB剧方式，使学生在活动中实现自我教育的目的。

丰富多彩的活动课是我校培养学生创新能力的另一重要途径。我校学生100%全员参加课外兴趣小组活动，鼓乐队、合唱队、轮滑队、科技制作小组、数棋组等课外小组深受同学们的喜爱，校合唱队荣获市级三等奖，在县小百灵歌手比赛中，我校有6人次分获一二三等奖。科技英语比赛、数棋比赛、科技手编报等共有30余人次获奖。我校刘兆阳同学在《北京少年报》上先后发表文章8篇，是大兴县唯一一名红通社小记者。

（二）环境育人建乐园

加强校园环境建设，把学校建成一个孩子们的乐园。发挥环境对学生的"隐性"教育作用，在校园环境建设上注重净化、绿化、美化。注重花草树木的合理布局。建立校园宣传栏，设立灯箱式宣传标语栏等，另外，学校还十分重视卫生条件的改变，组织专人负责，通过检查评比，督促学生养成良好的卫生习惯。

（三）创设教学氛围，提供参与机会

21世纪，我们所面临的将是一个多元化的社会，我们所培养的孩子，要适应时代的要求，就要具备丰富的知识、具有创新的能力，能持续发展的基础。努力构建学生主动参与式的课堂教学模式，如成功教学模式，创设成功的机会，实现最终的自主成功。再如情境教学模式，挖掘情感因素，发挥现代教育技术的情感功能，使学生能自主学习。开展丰富的实践活动，培养学生勇于动手，敢于创新，善于发现的能力。让学生在学习的过程中积极参与，善于合作，共同提高，真正成为创新型人才。

（四）阵地建设放光彩

各种丰富多彩的少先队活动离不开板报、电视台、广播、队报等少先队阵地建设。我们通过电视直播颁发雏鹰奖章，让每一位校级获章者都在光荣榜上亮相。同时我们设"小记者章"，而且队员100%订阅队报，鼓励队员向《北京少年报》投稿，我校刘兆阳同学先后8次在《北京少年报》上发表文章，被任命为红通社小记者

（五）少年军校育人才

少年军校是快乐的大本营，展示的舞台，学习的课堂，锻炼的熔炉。2001年我校与中国人民解放军某部队创办少年军校。我们大胆实践、勇于探索、正规训练，把军训与培养少先队员高尚的道德情操结合起来，丰富了教育内容，拓宽了德育空间，延长了少先队工作的手臂。由于成绩突出，2002年我校荣获区级优秀少年军校。

（六）电化教育显生机

随着时代的发展，电脑、网络成为少先队工作的新阵地。我们充分发挥这一优势，把CAI课件运用到队会上，声像并茂、配有动画，使队会有声有色，增强教育实效。红领巾电视台设有"电视导行"的栏目，表扬好人好事，曝光不良行为，少先队小干部们，亲自扛着录像机搜寻他们认为有价值的素材，然后在电教老师的指导下，编辑整理，培养锻炼他们的能力。2002年11月三小网站正式开通，"队员之家"、"今日之星"、"辅导员之窗"等板块，不仅服务少先队员、辅导员，成为少先队工作的强有力的阵地，而且在学校、社会、家庭中架起一座桥梁，把我们的少先队工作推向更高的层次。

六、谋划新的战略构想

学校依据"总体设计，分步实施，逐步到位，陆续完善"的整体构思，努力使教师达到"三化""三手"的目标。2002年，我们又推出"品牌战略、特色战略和科研兴校战略"的"三战"方针，不断丰富教师角色的现代内涵，促进教师角色的转变，进一步提高教师教育教学水平，从而提高学校的办学品位。

（一）创设氛围，激励教师争名师创品牌

1.舆论氛围。

为了激发全体教师，特别是中青年教师"争名师、创品牌"的热情和勇气，学校通过一系列措施营造舆论氛围。一是树立典型引导。如一部分青年教师在各自的工作岗位上成绩优异，被许多教师当作学习的榜样。杜老师课件制作的好，低年级数学课很有自己的特色，学校"一月一表彰"多次榜上有名，郭老师的语文课《春雨》在教育台的《教育之窗》栏目中播出，杜老师的《简单的推算》在空中课堂中播出。二是激励机制导航。学校每学期设多项单项奖，包括班级管理优秀奖、做课奖、制作课件奖、论文奖、辅导学生奖等。每学年评选校级优秀教师，在教师节庆祝大会上为获奖教师戴花、发奖，这样做感染激励了全体教师，使他们看到了工作的方向，认识到"争名师、创品牌"不是万里之遥，只要你肯钻、肯学、肯干，你也会大有可为的！

2. 环境氛围。

以多媒体计算机和网络技术为依托的信息技术，是当今世界科学技术领域最活跃、发展最迅速、影响最广泛的领域之一。它的发展不仅将改变人们的工作方式，也将改变教育和学习方式。信息技术的化小为大、化大为小、化静为动、化动为静，时间跳接技术等功能特性，能有效地展现实物和实践的发展变化过程，改善了人们认识事物过程的途径和方法。在多功能教室上课，可以做到录音、录像、VCD、计算机同时使用，高精度液晶投影画面清晰逼真，三步摄像机从不同角度摄录画面，导播可同时编辑，切换精彩画面，可以说学校现代化的教学环境，为广大教师施展才能"争名师、创品牌"提供了广阔的空间，丰富的土壤，营造了浓厚的氛围。

3. 学习氛围。

一是为充分发挥我校电教优势，学校鼓励教师积极参加计算机A级考试，不仅提供机器设备、软件，而且指派专门电教教师给予指导，2002年，我校已有46名教师通过北京市专业技术计算机A级考试，占全体教师的76%，其中年龄最大的张书香老师51岁，以优异成绩顺利通过了四个模块的考试。二是采用多种形式组织教师学习。集中学习与分散学习结合。网络教室建起来了，学校请来了电脑公司的工程师为教师们集体培训有关网络的知识，为进一步推动学校电化教育的进程，学校先后请区电教馆的李勇老师和兴月中老师为老师们传授网页制作和摄像技术。在北京申办2008年奥运会的日子里，学校每周抽出两个小时学习奥运英语100句，并在青年教师中进行英语竞赛。为开阔教师们的视野，学校规定双周四下午为教师集体"上网日"，使教师们获取更新的教育信息，从而提高综合素质。三是请进来与走出去并举。学校先后派出50多名教师分别到重庆、烟台、大连、北京汇文中学、北京丰师附小、房山电业中学等地参观学习、取经。

（二）立名师，创名校——实施名师工程

为突出我校制定的"品牌战略、特色战略和科研兴校战略"的"三战"方针，进一步提高教师教育教学水平，经学校领导班子研究，教代会讨论通过了《黄村三小"名师工程"实施办法》。从建立健全规章制度抓起，从班子队伍和青年教师队伍抓起，从建立区级科研课题抓起，为促进学校可持续发展，实施我校名师工程，创设名师战略目标：区级骨干教师、学科带头人、市级骨干以上的称号的教师达到教学总人数的40%。

2002年底，学校已有一批在区级小有名气的教师，王艳芬老师的数学课《平面图形的复习》获全国目标教学录像课一等奖，杜菊花、袁宏利老师的课曾获市级一等奖，郭华老师的语文课被市电教馆录制，作为支援西部大开发教育的展示课，杜少侠、侯艳玲、李学静等老师多次在区级作课。学校"名师工程"旨在促进教法创新，培养典型，充分发挥学科教学示范作用，提高教育教学质量，并涌现出更多的名师，使已成为区级名师的教师向市级、国家级更高的目标进军。

"名师工程"的重头戏是评定校级学科带头人。校级学科带头人评定内容包括，理论卷面考察、编写教案、学科单项技能、现场教学、撰写论文及论文答辩等，评定办法要求教师全员参加，共进行4轮，每轮按30%的比例淘汰，评定领导小组由教育局领导、区教研员和学校领导组成，本着公正、公开、公平的原则，有一定的权威性。在评定过程中，广大教师认真学习，刻苦钻研，不甘落后。为发挥我校电化教育优势，要求现场教学部分必须运用现代化教育手段，突出重点，化解难点。随着第一批校级学科带头人的产生，极大调动了教师工作积极性，优化教师队伍素质，起到了积极的作用，也得到了教育局有关领导和区教研室领导的高度赞扬。在局领导、进校教研室的支持帮助下，我们评定出校级学科带头人和骨干教师，迈开由"身份管理"向"岗位管理"转变的步伐，为实施"评聘分离"、"公平竞争"、"择优聘用"打下良好的基础，促使广大教师尽快适应新形势的发展。

校级学科带头人享有优厚的待遇，也必须履行必要的职责：校内结构工资每月上浮30元，优先进行岗位聘任，优先参加上一级的评优、竞赛活动，优先参加上一级骨干教师的培训；每学期作一节示范课，课后进行说课，能承担本学科的教科研课题，每学期交一篇高水平的教科研论文，能承担区级以上教研任务。此后，校级学科带头人一年评定一次，同时在评定过程中对上一届的学科带头人进行重新考核评定，考核合格后继续认定。《黄村三小"名师工程"实施办法》开始颁布实施后，对促进学校可持续发展起到了重要作用。

（三）树形象，创品牌——实施"四子"工程

"四子"，即专家会诊"开方子"，对外展示"搭台子"，科研兴校"引路子"，优秀苗子"压担子"。

1. 请专家会诊"开方子"。

在区教研室的帮助下，我们先后聘请了市教研部的特级教师王玲、品德教研员胡玲、数学教研员张义华为我校教师听课说课评课，从理论与实践的结合上，从课程改革上帮助教师提高教学水平。我们还多次聘请市电教馆的赵宝和主任、张志纯主任到我校指导电教工作和教育科研工作，使我校把现代教育技术与教育教学很好地整合在一起，促进学校的发展。

2. 搞对外展示"搭台子"。

学校与区教研室争取，只要有全区性的教研活动，都可安排在黄村三小举行，学校竭诚提供各种服务。今年在我校进行的全区示范课、研究课、评优课共80余节，大型会议5次，这样更多地将大型竞技舞台搭建于校内，教师们参与期间，获益颇多。学校为塑造良好的社会形象，把竞技舞台展示给家长，定期分年级举办家长开放课，让教师经受锤炼，发现不足，及时弥补。本学期，我校先后6次进行家长开放课，教师共作课18节，课程涉及语文、数学、英语、音乐、常识、美术等，家长参与人数达700余人。通过"搭台子"，教师们开阔了视野、练就了本领、找到了更高的奋斗目标。

3. 科研兴校"引路子"。

教育教学实践使我们懂得，教育科学研究是学校发展和提高的内在动力。在信息技术迅猛发展的今天，人们应对在未来世界中如何获取知识的问题进行全面的思考。信息技术的发展，大大增加了学生多渠道、多方位、寻找信息获取知识培养创新意识的可能性。交互设备和多媒体网络技术向学生提供了取之不尽的信息宝库，我们经过反复论证力求通过对《运用信息技术优化学生学习过程的研究》，使基础教育阶段的学生如何充分利用信息技术以提高自身的综合素质，已作为我校"十五"市级课题，并在校内设立课题组，且做到人人有课题，初步形成课题网。届时，我校"十五"国家级重点课题《"四结合"学科教学改革的研究》已在国家教育部基础教育司立项。我们对广大教师提出：对待教科研教师首先是支持者，接着是参与者，最终是受益者。

4. 推选优秀苗子"压担子"。

学校对有潜能、有发展前途的教师放胆使用，让他们在教育教学第一线挑起重担，增长才干。学校中层干部，教研组长骨干教师中，青年教师占35%以上，网络课怎么上？骨干教师先实践，摸索出教学模式；新的教学软件安装上了，青年教师边钻边学边用，技不压身，有压力才有动力，有动力才能使潜能得到有效发挥，才能有所成就，从而创出品牌，创出特色。

七、走课改之路，为教师铺设成功的平台

21 世纪是一个充满机遇和挑战的时代，北京市21世纪基础教育改革试验为教师的成功铺设了一个展示自我的平台。新的教学理念形成，教学内容、教学方法深刻的变革，对现代教师提出了更高的素质要求。为了搞好实验，学校确定了"以更新观念为前提，以激活教学管理为保证，以深化课堂教学改革为重点"的工作思路，开展了各种实验研究活动，取得了可喜的成绩。

（一）加强学习，树立新的教学理念

观念的转变是课改的重中之重，是课程改革的重要目标和内容，是推进教育改革的重要条件。但教育观念的转变不是一蹴而就的，是一条布满艰辛和汗水的道路，是一项长期的任重道远的艰巨任务。这次课程改革，体现了新的教育观念、教育思想，即以学生发展为本。作为参与课改实验的领导和教师，只有深刻理解课改精神和以学生为本的深刻内涵，才能用改革的思想指导改革的行为。

1. 学习思考相结合。

对于21世纪课改的指导思想、基本原则的理解与把握直接影响执行过程中的教学行为，为此，我校课改领导小组充分利用每周集会和教研活动时间，组织教师学习，通过学习、思考、研讨、交流，使教师明确了"为什么要为学生的发展创造宽松的条件"、"教师知识观、学生观、角色观的新的内涵"等问题，同时认识到：21世纪学校教育应该注意整合社会、家庭方面的教育影响，带领学生走向生活、走向自然、走向社会，为学生终身持续发展奠定基础，让学校生活充满欢乐与成功。

2. 培训教研相结合。

我们针对不同培训对象的需要，进行了参加课改教师的全方位培训。区级骨

干教师杜菊花、李学静、李铁冰多次参加市级的培训，最新最快接受课改精神。校级骨干教师杜少霞、李合鑫、王志启等积极参加区级的辅导、看研究课等，增强新的教学理念。学校以专题讲座，听课评课，交流座谈等进行多种多样的培训，强化教师的科研意识转变传统的教育观念。

我们在学习与思考相结合的基础上引导教师注意培训与教研相结合。例如，我们建立了外出学习传达演示制度。市区行政、教研部门组织的报告会，教材辅导以及研究课活动，我们要求凡是参加活动的教师回来后不仅要向全体实验教师传达会议精神，而且要上一节能体现学习精神的课，带动全体课改教师，取得一人学习、大家受益的效果。另外，学校还建立了三级教研网，骨干教师与市教研员、区教研员的研究探讨，学校教研组之间的探讨研究。在培训的基础上，教研活动的开展，为教师发现问题、解决问题提供了团体共同学习、共同成长的空间。培训与教研的结合，使得教学交流活动频繁了：语文、数学老师听英语课，音乐老师听体育课……学科相互渗透、融合起来了。

3. 实践总结相结合。

总结的过程就是提高的过程，就是转变观念的过程。我们要求实验教师在实践总结相结合方面做到"三个一"。即：每课一记，每周一说，每月一文。记下自己教学中的成功与不足，说出对教材的理解与处理，总结以学生发展为本的成功案例与经验。例如杜少霞老师在《教学日记》中写道：教师要想在教学中体现以学生发展为本的理念，就应变带着知识走向学生为带着学生走向知识。杜菊花老师、李学静老师在不断的实践中，总结出在数学、品德教学中的可贵经验，对以学生发展为本的理解有了新的内涵，促进了观念的转变。

通过学习思考、培训教研、实践总结的结合，使教师们在教育思想上逐步实现了四个转变：（1）转变唯升学者是人才的人才观，确立多渠道成才、多规格育人的人才观；（2）转变只对少数学生负责、只对学生升学负责的施教观，确立对每个学生负责、对学生终身负责的施教观；（3）转变教师教教材的教育观，确立依据教材教学生的教育观；（4）转变仅凭在校学习、课堂学习和书本学习知识的学习观，确立学科知识有生命，与社会、家庭、学生实际结合的学习观。为了让观念指导教学，我们提出了四提倡、四反对。即：提倡活用教材，反对照本宣科；提倡自主、合作、探究的学习方式，反对师授生听、师说生做、习题演练的学习方式；提倡构建大教学观，反对单科作战，各扫门前雪；提倡开放课堂，反对封闭讲练。

（二）改变教学结构，提高教师创新意识

随着网络时代的到来，导致了课堂教学的深刻变革。以"学为中心"的教育模式正在形成，教师在课堂教学中的角色随之改变。教师不只是单一的知识的传授者，而是教学的组织者，学生学习的辅导者、合作者。教师的功能更应集中体现在如何把"信息"化为"知识"，把"智能"化为"智慧"。教师已不再是传递信息的工具，教师更需要更高层次的教育教学能力，掌握现代教育技术、研究教学的各个环节，才能适应未来教育的需要的。信息社会的文明使知识的创造、存储、学习和利用方式发生了革命性的变化。如何培养学生学会学习、学会创新，学会生存，这是我们教育工作者必须深入思考的问题。新课程、新理念、新思想、新做法，要求我们改变课堂教学结构，提高教师创新意识，促进学生主动发展。

1.转变教师角色积极探讨新的教学方式。

教师要着眼于学生潜能的发挥，促进学生有特色的发展、可持续发展，是学生具有探究新知，不断进取的精神。这一切，迫切需要教师积极探索、勇于实践，改变原来教学方式，化单一为多元。

学生的学习兴趣是学生学习的内驱力，它直接影响学生的学习效果。教师要善于创设情境，激发学生的学习情趣，引起学生有意注意，提高学习效率。如英语教师在英语课上让学生猜一猜卡通画面背后有哪些形状，猜对后让学生记一记，学生口说、手动、脑记，多种感官参与学习活动，提高了教学效率。

2.改革课堂结构，实现学习方式多样化。

课堂教学，教师要从重视学生的学习结果改变为重视学生的学习过程，启发引导学生自主学习、合作学习、探究学习等。

自主学习对学生来说，最重要的是学习过程有内在的动力支持，学生能从学习中获得积极的情感体验。从教学内容入手，在教学中坚持两个原则，一是学生能自己说出来的教师不引；二是学生能自己学会的，教师不教。教学过程中，教师将方法教给学生，然后放手让学生自学，如字形的分析、课文的朗读、应用题的解答等，尽可能地尊重学生的理解方法，学生谈出自己的观点后教师及时作点拨。教师从知识的传授角色转变为课堂教学的引导者，学生是学习的主人。

无论教师运用哪种教学方式，学生运用哪种学习方式，最重要的是给学生参与的机会，让学生在参与中发展自我。教学实践中，教师们不断总结、努力探索，从学习内容的选择、教学目标的确定到概念的形成、公示的推导以及结论的

归纳，都给学生创造参与的机会。如李学静老师在品德课《鞠躬握手鼓掌》中，让学生用鞠躬、握手、鼓掌的礼节欢迎前来听课的老师，使学生在参与活动中不仅增进了师生情谊，体验到所学习的内容，而且大大激发了学生学习的兴趣。给学生参与的机会，为学生自我知觉、自我体验、自主探究、自我发展开拓一片蓝天。

（三）教育科研引领，促进教师良好发展

课程教材改革本身就是一个科研课题，因此我们以教育科研的态度和方法开展实验工作，不断丰富教师角色的现代内涵，进一步提高教师教育教学水平，从而促进教师的良好发展。

1. 加强现代信息技术与学科教学的整合。

现代信息技术有利于激发学生学习兴趣，调动学生学习的积极性；解决教学中的重问题，化解难点问题；通过学生运用已学过的知识培养能力，提高素质，进而拓展学生视野，丰富学习内容，发展学生思维，提高创新能力。加强现代信息技术教育，对于加大信息量、提高课堂教学效率，使学生感受新的教学模式和学习方式都具有很重要的作用。黄村三小在运用现代信息技术方面有着自己的特色，在课程改革中，我们更是重视现代信息技术与学科的有机整合。参加课改实验的教师100%能熟练运用信息技术，一大批教师的实录课、教学课件、教学论文多次在北京市、大兴区组织的"三优"评比中获奖，学校同时获优秀组织奖。

信息技术与课程整合是中小学教学改革的新亮点，是信息技术为教学服务的关键所在。信息技术因其具有图、文、声、像、动、交互等神奇的特点而魅力无穷，它最能激发学生学习的兴趣，调动学生学习的积极性；最有利于解决教学中的重点、难点问题；也便于师生、生生间的沟通与交流；它对于拓展视野、丰富信息量、发展思维、提高课堂教学效率有着十分重要的作用。为此，我们要求广大教师，要熟练地运用信息技术进行教学。并在以下方面做了尝试：

推广"单元教学模式"。由于信息技术与传统教学手段相比有了质的飞跃，课与课相互分离，脱节、彼此割裂的模式已显得陈旧。"单元教学"把几堂课串起来形成一个整体，可以充分发挥信息技术的优势，学生利用业余时间进行大量有趣的学习活动，受到较好的效果。

运用多种电教媒体激发学生自主学习，创设情景，激发求知欲。如在学习《我国的旅游胜地》一单元时，教师通过教学课件，以虚拟导游的身份，配以优美的古筝曲，带着同学游览秦兵马俑和敦煌莫高窟、攀登山势雄伟的泰山，荡舟美丽神奇的三峡，使学生在无限的自然风光中遨游、遐思，这种教学的效果不言而喻。运用直观、形象、生动的媒体进行演示实验。如教学《雾和云》、《雷电的形成》等课时，教师运用计算机展示出了自然界中无法演示的现象和过程，使虚拟的情景比真实的情景更为丰富和生动。

运用计算机网络，构建自主学习教学模式，即"创设情景——确立主题——确立学习方法——自主学习——效果交流——反馈评价"六部分，使学生进行网上阅读、选择资料、开展讨论或辩论。在整个教学活动中，充分体现学生学习的自主性，教师始终是指导者、组织者、参与者、辅导者的角色。从而促进学生学习方式的变革，培养学生的创新精神和实践能力。

信息技术与研究性学习相结合，教师引导学生在互联网上收集资料、相互探讨、发布成果，使学生动手动脑，掌握学习方法，学会自主学习，有利于学生的学习和今后的发展，学生终身受益。信息技术为学生全面发展提供了空间。学生对信息的搜索、获取、分析、加工、处理、传播的过程，发展了学生思维，培养了学生的实践能力和创新精神。在近几年的六年级毕业考试抽测中，我校学生的成绩均名列前茅；在市区进行的各级各类学科竞赛中，我校有200人次获奖。

2. 广泛开展课题研究。

科研引领，课题先行。在课程改革实验研究的过程中，不断提高教师的教育教学品味，学校申请立项"十五"国家级重点课题"'四结合'学科教学改革的研究"，市级课题"运用现代信息技术促进学生主体地位与作用的研究"。实验工作的意义在于探索新的教学模式，教师根据自己的教学实践，结合新的教育理念，研究课堂改革、评价方法等。做到用教育科研指导我们的教育教学改革，尤其是面对当今在教育改革和发展的过程中，面对新的形势，新的发展，新的现状，现代信息技术在教育领域的运用，我们从长远考虑，充分运用课题的研究，发现新问题，探究在实际教学中学生学习的新模式，从而促进学生全面发展，培养出适合时代发展的新型人才。经过实验与研究，取得了初步成果，李学静老师的品德课《不懂怎么办》被评为"'四结合'学科教学改革的研究"课题的阶段性成果。在实践中，引导教师投身教育科研，从而促进教师良好的发展。使我们的教育教学工作不仅是教材的实施过程，也是新的教育理念深入探究的过程，同时也是教育科学研究的过程。

（四）课程改革促进教师成长的步伐

随着课程改革工作的不断深入，教育观念不断更新，"以学生的发展为本"

已成为教师课堂教学的首要目标，在教学实践中，教师们在教与学的指导上注重角色的转变，教学过程紧紧围绕教学创新，教学方法上运用合作、自主、探究学习，信息资源的开发与利用使信息技术与学科教学有机整合，取得了显著效果。6名教师的课改论文在区级以上级别获奖，11篇教案受到上级奖励。李学静老师的品德课《课桌椅好伙伴》收录在市教研部课例集锦中、《鞠躬握手鼓掌》教案及评议刊登在市实验期刊中，语文、数学、品德、音乐、信息、常识等学科教师，为区级以上做课18节次，其中参加全国评优课1节，市级观摩课3节。再利用信息技术教学过程的实验中，有16位教师的录像课和15位教师自制课件分别获市区级奖项。杜菊花老师被评为市级课改先进个人，学校在大兴区小学教学日记中获优秀组织奖。

八、保持先进性，开创学校党建工作的新局面

新世纪、新机遇、新挑战为教育战线上的共产党员创造了更广阔的奉献社会、发展自我的空间。作为教育战线上的基层党支部，认真贯彻落实区教育工委工作计划，不断加强学校党组织自身建设，增强党组织的政治核心作用和监督保证作用；进一步加强党政班子和教职工两支队伍建设，提高全体党员、教职工的整体素质；充分发挥全体共产党员的先锋和模范作用，团结带领全校教职工共同努力，进一步做好教育教学工作。

（一）讲政治抓学习，提高理论水平

在经济形势迅速发展，教育改革不断深入的新形势下，人的思想高低不一，针对这种情况，思想政治工作就显得尤为重要，因此，学校党支部一直坚持把思想政治工作放在首位。

1.健全制度坚持理论学习。

党支部坚持不懈地抓理论学习，做到常抓不懈，不断完善学习制度。一是中心组学习制度，中心组成员每两周集体学习一次，由党支部书记专人负责。二是全体教职工隔周一次政治学习制度，由支部委员轮流负责，结合上级部署和要求及本校实际，确定学习内容。三是党员自学制度，由支部确定学习内容，党员个人挤时间自学并写好学习笔记，支部定期检查，年底上交，以保证学习效果。常抓不懈地学习，为党员、教职工的思想教育系统化、经常化、规范化提供了制度保证，起到了一种强化灌输正确理论的作用，提高了党员干部、全体教职工的思想理论素质。

2.深入学习，开展多彩的教育活动。

空洞的政治学习使人感到枯燥乏味，只有开展多彩的教育活动才能增强教育的实效性。党支部为了发挥党员教育的实效性，开展了既有针对性又形式多样的教育活动，使学校的党建工作更有活力、更有特色。

3.增强趣味性，提高教育实效。

为了改善领导在上面讲，党员在下面听的单一、枯燥的学习形式，增强学习的趣味性，激发党员政治学习的积极性，我们党支部组织党员干部及全体教职工系统观看了《北京党员电教》《十六大党章电视教材》《师德启示录》，北京市石景区劳动模范、北京市先进教育工作者王能智老师在基础教育领域辛勤耕耘、无私奉献的先进事迹VCD等；参加了区教委组织的多种竞赛活动，并取得了优异的成绩；学习十六大精神演讲比赛，房炳云老师获演讲一等奖、李学静老师获演讲二等奖；"三个代表"重要思想学习纲要知识竞赛，在全员参加的基础上选出3名最优秀的青年教师参加了区教委组织的十六大知识竞赛，并获得了团体总分第一名的好成绩。不但为学校争得了荣誉，而且也进一步提高了自己的政治理论水平，通过多种形式的学习、讨论、观看录像、电影、参加各种竞赛等活动，使大家思想政治理论水平有了普遍的提高。这种学习方法的实施既提高了大家的学习兴趣，也增强了思想教育的实效性。

4.开展多彩活动，提高教育实效。

学校党支部还开展了丰富多彩的教育活动。如：迎五一、十一美化校园净化空气义务劳动，观看电影《惊涛骇浪》，去德育基地为光荣院的老人服务、整理内务、倾听老人们光荣的革命历史等等。形式多样、丰富多彩的教育活动，使党员从政治觉悟和思想认识上都有了很大的提高。进一步增强了思想教育的实效性。

5.加强组织建设，立足措施有效。

要想把党的教育方针、政策畅通无阻地落实到群众之中，充分调动全体教职工的积极性，首先基层党支部必须是一个团结战斗的集体，在群众的心目中，既是党员干部的主心骨，又是群众的贴心人，要想做到这一点，就必须加强组织自身建设，立足措施有效。

6.坚持"三会一课"制度。

实践证明"三会一课"制度是提高党员干部思想水平的好方法，使党支部实行民主监督，充分发挥战斗堡垒作用。因此，党支部一向重视"三会一课"制度的实效性。隔周一次党员会，每年召开两次党政班子民主生活会，一次党员生活会，每学期一次党课。会前让大家认真准备，写好发言提纲，会上支委带头总结自己的工作，认真评价每个党员的思想工作情况，因此生活会上同志们都能知无不言，言无不尽，使生活会开的热烈真诚。大矛盾、小疙瘩化解了，思想统一了，心情舒畅了，改善了干群关系、同事关系，增进了团结协作。

7. 坚持党员联系群众制度。

为了及时地把党的教育方针政策交给群众，党支部制定了党员联系群众制度。经常开展支委与党员、党员与干部、党员与群众的谈心活动。每个党员联系一名群众，多做耐心细致的思想工作。通过谈心、交心，做到情感交融，心灵相通，真正成为群众的知心朋友。及时把学校的工作和规划意图传达给他们，听取他们对学校的合理化建议，沟通党支部与群众的关系，及时了解群众的思想动态，使支部的思想政治工作有的放矢，收到实效。

8. 坚持群众评议党员制度。

群众评议党员制度，一年一次，首先群众按照每年区教委评选优秀党员的条件、党员八条义务，根据每个党员平时的学习工作情况，按A、B、C进行评议，支部根据群众评议的情况与每个党员交换意见，肯定成绩，指出不足，提出今后的努力方向。群众评议党员制度坚持了多年，起到了监督党员、促进支部工作的作用，使党员更加严格要求自己，自觉遵守党的纪律，注意自己言行在群众中的影响，充分发挥党员的先锋模范作用。

9. 坚持国旗下讲话制度。

党支部决定，党员、干部、教研组长每周一升旗仪式上作一次国旗下讲话。这项制度一直坚持了多年。这学期初我们又推出了新的举措，成立了教师升旗队，和学生升旗队一样，每月轮换一次。新举措的出台不仅受到了老师们的好评，而且受到了学生们的欢迎。通过升旗仪式、国旗下讲话对广大师生进行热爱党、热爱社会主义祖国的教育。

（三）非常时期，尽展党员干部的精神风貌

非常时期更加注重对党员、干部、入党积极分子的政治思想教育，充分发挥党员的先锋模范作用。2003年"非典"时期，作为党支部书记，我把抗击"非典"放在一切工作首位，带领广大教职工一手抵抗"非典"、一手抓教学，随时监控学生的学习和健康。那时，每天早晨5：00就来到学校，晚上10：00多才离校，节假日也不休息，从制定学校预防"非典"工作的具体措施，到为教职工寻找预防"非典"的药品、防护用品；从安排"空中课堂"的所有细节，到对离校学生自主学习的监控，每一项工作都落到实处。全校党员、教师没有一个因"非典"肆虐而逃避。年轻的党员李学静、房炳云老师在抗击"非典"的特殊日子里，始终战斗在工作的最前沿，用实际行动展现了新时期一名共产党员的品格风貌。

入党积极分子孙起霞、郭建荣、郭华在抗"非典"中积极主动关心学生生活和学习情况，在母亲节、护士节到来之际，通过电话指导学生郝赫然、王峥给在一线工作的妈妈写信、制作贺卡表示慰问。校医崔杰孩子小、家务繁重，但义不容辞的跑前跑后到处购买消毒药品、为教师量体温、每天及时汇总学校800多名学生的体温向上级汇报。为进一步发挥青年团员的先锋模范作用，教工团支部成立了"青年突击队"，哪里需要到哪里，随时听从学校的召唤，在三小，经常能听到这样一句话："白衣天使能献身，我们还有什么不能奉献。"

黄村三小面对"非典"严峻的考验，以坚强、友爱、团结、科学的精神投入到这场没有硝烟的战争，而战场上那一面面鼓舞士气、指引方向的旗帜，就是共产党员。

（四）统一领导，发挥党支部的政治作用是核心

我校党支部充分发挥党支部的核心战斗堡垒作用，建立起一支党政工团齐抓共管的领导体制，发挥各部门的职能作用。

在教委提出实施素质教育质量管理年中，支部带领广大教职工大胆进行教育教学改革，一年中，学校市级以上研究课、优秀课10几节，教师论文数十篇在市区各类征文中获奖，在7月份大兴教育论坛上，校长和4名教师登台论述，在区级学科带头人任评选中，我校有7名教师入围最后的角逐，在教委组织的推门课和学科抽测中，我校的成绩均名列前茅。总之，在党支部的正确领导下，学校教育教学工作取得可喜的成绩。

围绕党支部的中心工作，不断完善各种制度，实行民主监督的作用。坚持每年1—2次教代会制度，民主评议领导干部一次；全面落实教代会讨论通过、决定、评议、监督四项职能，凡属学校重大问题、重大决策，规章制度和有关教职工切身利益的问题均提交教代会审议。

我校青年教师多，朝气蓬勃，工作热情高，是三小教育教学工作的中坚力量。因此，教师团支部工作一直列入党支部的工作计划之中，并由党支部委员李

学静主抓团支部工作，党支部书记经常过问指导团的工作。团支部每年初有计划，学年中有检查，学年末有总结。积极开展适合青年特点具有教育意义的共青团活动。如：政治学习、参观、看电影、知识竞赛、教学基本功竞赛等多种教育活动。这些活动的开展对于进一步做好共青团工作起到了极大的推动作用。

黄村三小以低起点、高速度发展，取得了瞩目的成绩。2000年6月被北京市命名为"电教优类校"、2003年7月被北京教委命名为"北京市中小学信息化工作先进学校"、北京市推广教育科研成果奖、北京市基础教育课程教材改革实验先进单位等市级荣誉12个，区级20余个。学校三次组织学生、家长参与中央电视台"成长在线"、"少年体校"、"动感特区"节目的录制，获得好评。校长本人3次参加区校长论坛，文章《运用现代信息技术实施素质教育》在《北京工作》上发表，文章《创新教育呼唤创新的校长》在《现代教育报小学生专刊》上发表，《现代教育报》《北京教育》、大兴电视台等多种媒体报道过黄村三小的教育教学情况。2000年荣获大兴区优秀教育工作者、小学优秀校长，2001年荣获北京市爱国卫生运动先进个人、区优秀共产党员，2003年被评为大兴区教育系统优秀知识分子、抗击"非典"先进个人，多次荣获支持科技教育活动、关心少先队工作好校长称号。

回顾我们所走过的路，虽存在着许多缺陷，但我们毕竟在未知领域，靠着自己顽强的拼搏精神和在困难面前不言败的劲头，走出了一条适合自己发展的路。虽然在前进的过程中充满坎坷和困惑，凭着一股钻劲、闯劲和韧劲，三小的教师们以科学的态度和创新的精神，积极投身到教育改革中来。作为学校的管理者，面对扑面而来的教育改革的春风，要在看似平凡的教育中凸现教育创造意境，"敢探未发明的新理，敢入未开化的边疆。"唯有立足现实，创新思路，才能促进学校工作的全面稳步提升。

第三章 继往开来求品位 (2003——2006)

"愚人错过机遇，常人把握和利用机遇，智慧之人创作机遇"。"世界越来越小，发展越来越快，慢走一步，差之千里，耽误一时，落后多年"。教育的发展更是永无止境，没有最好，只有更好。作为校长，不能躺在曾经的功劳簿里，应该继往开来，追求办学的品位。

一、校长第三个任期办学规划

以教育改革为基础，以教育科研为支点，以现代教育技术为突破口，以名师带动名校为手段，全面创建21世纪的新型学校。实施素质教育观念现代化、教育环境现代化、教育手段现代化，培养教师成为开展教育科研的能手、捕捉现代教育信息的高手、锐意进行教学改革的巧手；实现教育面向全体学生，学生全面发展，促进学校高水平、高质量发展。

(一) 学校现状及其分析 (2003年初)

学校学生834人，18个教学班，教职工57人，其中35岁以下青年教师25名，占教职工总数的43.8%，36—45岁教师14名，占教职工总数的24.5%，全校平均年龄36岁。教职工中小学高级教师27名，占总数的47.3%，小学一级教师24名，占总数的42.1%。具有大本以上学历17名占总数的29.8%，大专学历人25人占总数的43.8%，很多教师正在进行本科的学习。学校中层干部中3名参加校长资格岗训练班，占干部总数的33%。学校区级学科带头人1名，校级学科带头人3名，骨干教师6名。可见，教师队伍趋于年轻化、知识化，新教师精力旺盛、学历高，但敬业精神和教学经验都亟待提高，所以新教师培训是今后很重要的任务之一。另外，学校中学高级职称为零，小学一级职称比例较大，而这一部分集中在中年教师中，提高中青年教师的业务水平，使他们更加成熟、跻身于区级、市级名师行列是学校今后一段时期的重要任务。

(二) 三年办学目标

1.两支队伍建设

加强学校干部队伍建设，提高中层干部的管理水平，派后备干部参加校长资

格培训。使学校教育教学管理更加科学规范。

加强师资队伍建设。到2006年，在保持现在教师队伍年龄结构大体不变的情况下，适当引进35岁左右骨干教师，引进体育、美术、音乐、电教等专业教师，使学校得到全面发展。到2006年，学校教职工中大本以上学历人数要达到职工总数的50%以上，基本实现无中专以下学历教师。到2006年，结合人事制度改革，评聘分离，使学校教师职称结构比例达到规定标准，其中力争实现"中高"职称"0"的突破。今后三年中，在培养锻炼中青年教师工作中，继续完善大兴三小"四子工程"即：请专家会诊"开方子"、搞对外展示"搭台子"、科研兴校"引路子"、推选优秀苗子"压担子"，从而不同梯队、不同层次锻炼中青年教师成长，到2006年力争实现市级学科带头人1人，区级学科带头人3至5名，校级学科带头人和骨干教师达到20%以上。用"名师"带动"名校"，落实双名工程。

2. 学校管理。

继续完善《大兴三小教职工考核评价方案》和《大兴三小班主任管理细则》，建立"学生和家长评价教师"制度，提高学校的社会声誉。并依据一系列考核方案，制定学校教职工"聘任制"标准。

建立健全学校各种规章制度、条例。建立"学校考勤制度"、"评优评先制度"、"后勤管理制度"、"校长奖励基金"，逐步完善《大兴三小教职工结构工资方案》，奖优罚劣，评聘分离，以"法"制校，激发广大教师工作的积极性。

3. 特色工作。

"现代信息技术与学科整合"是我校的工作特色。从1997年的阳光Ⅱ代起步到如今的网络教室，从最初的洪图课件到现在的flash动画、网页制作，可以说无论是在教育观念上，还是在硬件设备、软件环境上，都在持续发展，而且特色越来越明显，教育效益和社会效益不断扩大。在今后三年中，随着教育改革的进一步深入，学校仍将在保持原有特色的基础上，规划自己的发展前景。

在硬件设备上，增加现代信息技术设备的投入，电脑走进教室，使教室多功能化，学生上课环境多媒体化。建立高智能化的教室备课查阅室，学生电子阅览室，完成校园网信息平台构建，落实各子系统的编程，日趋完善校园网，达到学校管理的信息化。

在软件环境上，提高校领导学校管理信息化水平、教师现代化教育认识水平及运用现代信息技术的能力，注重学生信息素质的培养和提高，从而达到"三化三手、两高两全"的奋斗目标

4. 教育教学质量。

学校进一步完善教育教学质量监控管理制度，注重平时的过程管理，在区各学科抽测中，争取名列直属小学前茅。鼓励更多的学生参加少年宫等校外的特长学习，学生参加校内课外小组人数达100%，争取在市区及全国的各种竞赛中荣获佳绩，为学校争光。在两个国家级课题的进一步研究过程中，取得阶段性成果，并实现教师70%以上有区级以上科研课题，注重班主任教育科研课题的研究和心育科研课题的研究，使教育科研真正成为学校发展的杠杆，促进学校教育教学质量的提高。

5. 学校基础设施。

今后三年中，扩建学校专用教室（美术、音乐、自然等），修整学校操场，建成200米的塑胶跑道；装修教学楼，改善教师办公设施；建立学校荣誉室、教师电子阅览室等。加强学校"小电视台"建设，更新录像、编辑等设备，筹建演播室。绿化美化校园，楼前小花园植树种花，建石蹬、石椅，达到环境育人的目的。

总之，学校要本着"务本求实，开拓进取，总体设计，分步实施，陆续完善"的方针促进三小的可持续发展。

二、倾心奉献，做三小基础建设的设计师

（一）基础设施建设

大兴三小自1965年建校至2003年的30多年间，基础设施一直没有大的改观。随着国民生活水平的日益提高，校园的陈旧老化现象日益突出。这成为了三小每一位成员的一块心病，当然也成为校长的一块心病。

2004年的暑假，经过多方筹措，各方协调，在我们领导班子的共同努力下，终于申请下三小旧楼改造和操场改建的资金，就这样如火如荼的三小基础设施改建工程在2004年的暑假期间，风风火火地展开了。暑假期间，老师们都已经放假回家，享受一年一度的暑期安静而又平和的生活。和这种安静平和形成鲜明对比的就是三小操场上重型机械的轰鸣声，马达的嗡嗡声。作为学校的当家人，在这艰苦的基础设施改造中，我不坚守谁坚守？我每天天不亮就早早地来到学校监督改造的工程，解决随时可能出现的问题，每天晚上建设工人都已经回家的时候，我还在为今天的工作查找问题，同时又在为第二天的工作设计方案。为了保证9月1日操场和教学楼能够如期交付使用，我没日没夜地工作。就这样2个多月的

基础设施建设下来，终于能够按时完成，交付使用。也就是在这2个多月的时间里，我自己也足足瘦了30多斤，我却乐观地说："平时不见减肥起效，这两个多月却帮我减了这么多。"

经过两个多月的紧张施工，教学楼内外装饰一新，崭新的塑胶操场也是如期交付使用，随着学校教学环境的改善，三小办学的整体声誉也在不断提高。

（二）信息化建设

为进一步发展数字化校园，2004年暑期学校将在每个楼层配置电脑触摸屏，拓展网络资源的覆盖面，使信息真正的走入学生。另外，电子阅览室也将为学生和老师开放，为教师和学生网上冲浪提供了更大、更方便的空间，卫星接收系统和学校网络的连通，使学校实现了"天罗""地网"的信息合一。

（三）校园文化建设

绚丽多彩的校园文化是无声的课堂，对学生思想道德品质的形成，良好的行为习惯的培养起着潜移默化的作用，起着课堂教学不能替代的作用。我们以"加强德育、整体优化、全面育人"的特点，精心设计安排实施，力争让校园的每一个景点，每一座建筑乃至一面墙壁都成为育人的阵地。

1. 合理布局、突出学校特色。

走进校园，绿树掩映红墙，郁郁葱葱的小黄杨树整齐地站列两旁，"童趣天地"、"文化墙"、"宣传橱窗栏"等，宣传学校、展示师生风貌，启迪教育学生。教学楼内，电子显示屏滚动播出宣传标语，在一至三楼大厅，最新设置触摸电脑，开通了学校网站、德育网，让学生、家长和社会更好地了解学校的教育情况，从而更加突出学校信息技术特色。2004年，学校安装了大兴三小家校互动软件，软件可以把语音转化成文本，也可以把文本转化成语音，家长还可以通过电脑进入系统查看孩子平时的学习、纪律、交友等综合情况，也可以通过成绩曲线了解孩子平时的表现，通过这个系统，提升家校互动的水平，充分发挥教师与家长联手的合力作用。

2. 发挥"三小学生名人录"的榜样作用。

在教学楼内，"三小学生名人录"成为校园一道亮丽的风景线。学校建立三小学生名人档案，昔日三小的优秀学生，今日的北大、清华的高材生、国外名牌大学的研究生、博士生，各行各业的成功人士，在教学楼墙壁上张贴他们的挂像，宣传他们的事迹，用学生看得见、摸得着的身边榜样教育学生，教育意义更强，更有针对性！区督导组和德育研究室的领导，对学校的这一创举，给予很高的评价。特别是学校又推出"今日三小名人"（评选的文明小学生，每月更换上榜学生照片），在一楼的校风校训宣传板上张贴，用这种特殊的方式奖励学生，使他们成为全校学生学习的楷模，起到"名人"的教育效应。

3. 奥运知识长廊激发爱国情。

结合北京2008年奥运会在楼内建起了"奥运知识长廊"，包括四个主题：奥运百年、冠军风采、北京奥运和"我心中的奥运心语心愿墙"，同学们从中不仅学知识，了解北京奥运，更从奥运冠军身上感受到为了祖国的荣誉，努力拼搏的精神。特别是"我心中的奥运心语心愿"墙更成为亮点，孩子们用巧手折出的小纸鹤、用心绘出的各种彩图，表达了他们对2008北京奥运真诚的祝福。奥运知识长廊成为一种教育资源，每天都在发挥其育人的作用。

4. 发挥班级文化的作用。

我们充分利用班级文化资源，教育引导学生。每个教室张贴《小学生守则》和《中小学生行为规范》以及宣传标语，时刻引导学生做个文明的好少年。每班还有突出班级特色的板报和壁报，"状元榜"、"七彩园地"、"班级吉尼斯"等栏目彰显学生个性。结合学校开展的"我心中的奥运"主题系列教育活动，班级开展"一班一国一项目"活动，即在各班教室，都利用壁报宣传奥运会的一个参赛国和这个国家的一个奥运项目。同学们动手搜集材料、制作展板，在这个过程中学生们了解到很多综合知识，如这个国家的地理位置、风土人情、体育特色等，远远超出了奥运知识的层面。低年级教师发动家长和孩子一起找材料，还通过班会向孩子们介绍相关知识。我们做了一个统计，20个教学班，每个班有每个班的特色，巴西足球、澳大利亚的游泳、韩国跆拳道、日本的柔道、中国的国球——乒乓球等等，方寸大小的一块壁报，发挥了很大的教育作用。

三、寻求新的增长点，实现新的跨越发展

几年的发展中，大兴三小逐渐形成了自己的办学品位——"运用信息技术实施素质教育"。随着时代的进步，课程改革的进程，学校需要寻求适合自己的新的发展的增长点，从而实现学校新的跨越，向名校进军。本着这样一种思路，在学校各项工作中贯穿这样一种思想，积极稳妥地从更新干部教师队伍观念，加强两支队伍建设抓起，以"运用信息技术与教育教学整合"为重点，做了大量工作，也取得了可喜的成绩。

(一) 申报"现代信息技术与学科整合"示范校

历史的车轮不断前行，改革的大潮推波助澜，时代迫切地呼唤教育方式的革新。以多媒体计算机和网络技术为依托的现代信息技术，极大地拓展了教育的时空界限，空前地提高了人们学习的兴趣、效率和能动性。如何让信息技术更好地为教育服务，怎样把现代信息技术的高效运用作为进行教育改革、提高教育质量的突破口，成为了我们重点探究的课题。

学校的发展战略，是学校领导者在预测环境未来变化的基础上，对学校长远发展所作的带有变革性的规划。其特点是指向未来，迎接竞争，适应不断变化的环境。学校的教育特色只有融化到学校未来发展的进程中，才能获得自身发展新的内在动力。

在硬件设备上，增加现代信息技术设备的投入，电脑走进教室，使教室多功能化，学生上课环境多媒体化。建立高智能化的教师备课查阅室，学生电子阅览室，完成校园网信息平台构建，落实各子系统的编程，日趋完善校园网，达到学校管理的信息化。为继续巩固和发展自己的特色，不断超越自我，面向未来、迎接竞争，适应不断变化的环境，以"发前人未发之秘，辟前人未辟之境"的精神、争名师、创名校。2003年9月，大兴三小制定了"现代信息技术与学科整合示范校"软件建设方案，并带领教师积极努力，向着目标进军。

2004年学校向上级提交了"信息技术与学科整合示范校"的申请，我们认真撰写了学校自查报告，并在工作中努力指导教师落实在平时的教学活动中。为了迎接检查验收，全校教师做了大量的准备工作，从紧抓平时教学工作起，对教师的备课、上课、听课、评课等都提出了更具体的要求。在大家共同努力下，11月9日，有专家和区教委领导组成的检查团来我校检查验收，学校把每项工作都计划、布置、落实得井井有条。其中三位教师承担了学科教学献课任务，分别得到了专家领导的好评，同时"学科教学求发展 信息技术铸辉煌"短片更让检查团的专家领导们耳目一新。教师们的共同努力，使我校以优异成绩通过了验收，并于2005年1月获得了大兴区"信息技术与学科整合示范校"的荣誉称号。

示范校验收工作刚刚结束，11月18日，学校又接受了区信息中心的"学校信息化工作"督导检查。检查中，我们推出了三节有代表性的课，特别是信息技术课得到了所有听课教师的好评，督导检查的成绩在接受检查的学校中名列前茅。

（二）加强两支队伍建设，完善人才培养机制

清华大学第一任校长梅贻琦曾说过："大学之大，非大厦之大，而在老师之大"。哈佛第23任校长科南特对哈佛办学历史作总结，他说，大学的荣誉，不在它的校舍和人数，而在于它一代又一代优秀教师的质量。大学是这样，小学同样是这样，办好一所学校，提升学校办学品位，的确需要一支高质量的教师队伍，的确需要一支团结协作、开拓创新的干部队伍。如果说课本是一种显性的教材，环境是一种隐性教材，那么我们的教师就是一本本流动的教材，班子成员就应该是一本本精装的流动教材。在一所学校里，还有什么比教材更重要的呢？

1. 以干部队伍建设为重点，提升干部管理水平。

这一阶段，大兴三小有校级干部5名、主任级5名，副主任1名。从年龄结构上看，平均年龄45岁；从学历上看，研究生课程班4人、大本3人、大专1人、中师3人。据此，学校提出"五型班子"建设目标，即学习型、创新型、和谐型、清廉型、实干型，为实现这一目标我们具体做了如下工作：

（1）加强思想建设，牢固树立四种意识。

学校坚持每周一行政例会，通过理论学习、专题讨论、民主生活会等形式，要求班子成员牢固树立四种意识。要树立服务意识，领导就是一种服务，就是为学生成长服务，为教师教学服务，打破"官本位"思想；要树立学习意识，向书本学习，向教师学习，向同行学习，把学习当作提高自己生命质量的一种手段，鼓励班子成员，特别是年轻干部要终身与书为友；要树立师表意识，"校园无小事，事事育人；教师无小节，处处楷模。"班子成员更应该是学生的楷模、教师的楷模；要树立忧患意识，应该说三小这几年取得了很多成绩，但我们也惊讶地看到兄弟学校的教育创新，我们要求班子成员以欣赏的眼光看待别人长处，以苛刻的眼光看待自己的不足，苦练内功，外树形象，尽快创出一条特色办学之路来。

（2）加强作风建设，提高班子的群众威信。

我们在广泛征求班子成员意见的基础上，出台了《大兴三小干部行为规范》，宗旨是：一身正气（以"公正、公开、尊重、带头"八字管理原则），二袖清风（廉洁自律，廉洁治校），三句牢记（认认真真学习；勤勤恳恳工作；堂堂正正做人），四有头脑（有战略头脑；有政策头脑；有业务头脑；有科研头脑）。班子成员每天轮流值班，戴牌上岗，从学生的文明礼貌、教师的到岗到位到中午小饭桌情况、公物保管等给予检查，遇到问题及时处理、协调及时上报。每两周班子成员上交近期工作安排，每月写工作反思，每学期就分管的工作，学期初向全体教师汇报工作思路，期末向全体教师汇报全年工作，学年度结束向全体教师述职，教师对班子成员按照"德、能、勤、绩"进行测评。我们制定的规章制度就像一把把尺子，我们时常用这些尺子来测量教师，但我们的教师心中也有一杆秤，他们也时常称一称我们的校长、主任是半斤还是八两。

（3）搭建干部成长平台，夯实干部业务根基。

学校班子之间提倡常通气，少怄气，常补台，不拆台，大事讲原则，小事讲风格。对年轻干部，我们主要是"搭台子"、"压担子"、"铺路子"，制定了干部年级负责制制度。全校家长会，班子会定出模式和内容，由主管德育的年轻副校长开；六年级毕业前夕的学生会、家长会由教导主任开……这样，既锻炼年轻干部，又培养干部的责任感。

2.以规范的师德为核心，铸造师之魂。

2005年是我区教育系统"师德"建设年，学校紧紧抓住这一有利契机，大兴"讲师德、颂师德、学师德、树师德"之风，以倡导"学高为师、身正为范"为重点，以加强未成年人思想道德建设，深化课程改革，树立教师职业新风，推进素质教育的实施为目标，创造健康和谐的教育教学环境，促进教师、学生、学校发展，从而提升学校的办学品味。师德是教师素质的核心内容，是教师的立身之根本，工作动力之源泉，执教育人之基础，献身教育之灵魂。为全面贯彻落实大兴区教委"师德建设年"的有关精神，加强师德建设，激励广大教师志存高远、爱岗敬业、为人师表、教书育人、严谨笃学、与时俱进，树立良好的师德师风。

（1）以高尚的情操陶冶人。

苏霍姆林斯基说过："不要把爱国主义当作一枚磨光了的硬币，随便掏出来给学生看。"这一条教育原则对学生适用，对教师也适用。我们对教师的师德教育，力戒空泛地说教，而是以典型的教育案例启发教师，感染教师。我们组织青年教师到特教中心参观，利用身边的教育资源，以特教教师默默无闻、无私奉献、爱岗敬业的精神为榜样，感悟到爱心教育的魅力。我们组织全校教师观看电影《我的长征》，用伟大的长征精神激励广大教师坚定革命信念，在教育教学工作岗位上建功立业。在每周教师会上，对涌现出的师德典型进行表扬和宣传，以身边的人，身边的事教育身边的人，弘扬师德建设主旋律。

（2）以榜样的力量凝聚人。

党员教师队伍是师德建设工作中的核心力量，也是一项重要教育资源。党支部加强、改善党的组织建设和思想建设，坚持组织生活，学习制度，党课制度、思想汇报制度。党支部提出"一个党员，一面旗帜"的目标，开展了"党员示范岗"评比活动，发挥了党员教师在各个岗位上的先锋模范的辐射作用。开展了党员教师与要求进步积极分子结对子活动。让每位党员的言行感染周围的教师，把教师的价值取向引导到教好书育好人的方向上来。

（3）以完善的制度规范人。

科学规范的制度是学校全体教师的行动准则。学校在广泛征求教师意见的基础上，制定了《大兴三小教师行为规范》，把师德的一系列原则、目标和要求具体化，变成可检查、可评比的硬指标。每学期教师的师德考核坚持全体考核与群众考核相结合，校内考核与社会评测相结合，年度考核与过程考核相结合。每年度评选出校级师德标兵，在教师节给予隆重表彰和奖励。

（4）以合理的活动机制激励人。

在师德养成教育中，积极开展师德教育的系列主题活动，使广大教师在活动中铸造师魂，锤炼师德，优化师行。"德高为师，身正为范"。我们从"净化教师语言，美化教师行为，完善教师形象"入手，深入开展师德教育。师德教育就是以完善的师德培养机制，塑造过硬的"灵魂工程师"。我们要求教师真正把投身教育作为自觉行动，以公心、耐心、爱心、全心来对待学生。我们重视教师的日常行为养成，通过考评机制来克服教师自身的不足，使每一位教师能够真正以身立教。

2005年5月，三小党团支部联合组织了具有特色的"活动中创新 创新中前进"青年教师辩论大赛。几轮比赛中，选手们富有激情的陈词与巧辩，让老师们真正感受到了他们青春的激情，语言的魅力，思想的高尚和不凡的素质水平，从而使他们在活动中得到了提高。在"我爱三小"为主题的青年教师演讲比赛中，教师们个个情绪高昂。他们的慷慨陈词一展教师的风采，每一篇演讲稿都是一篇很好的师德教育素材。这次活动也得到区教委领导的好评。

大兴三小40岁以下青年教师48人，占全校教职工总数的64%，加强青年教师的培养越来越成为学校发展的重要任务。我们注重青年教师的师德养成教育，以青年教工团支部为载体（包括所有40岁以下青年教师）开展丰富多彩的师德教育活动，我们曾经举行过辩论赛、演讲比赛、基本功竞赛等。2005年"五四"青年节前夕，隆重举行"春天 唱响青春的歌"主题庆祝活动。区教委组宣科、少工委、小教科、工会等多部门领导参加了活动。三小的青年教师用青春的激情、用青春的风采、青春的歌，唱响了三小的希望，唱响了教育事业的希望！他们不仅亮出歌喉，而且通过知识问答、我写教师格言（誓言）等活动，体现青年教师的综合素质。面临新的挑战，作为一名青年教师，在"师德建设年"中，如何诠释新时期的五四精神呢？通过这样的活动，使我们的青年教师深深感到，作为青年教师，就应该发扬特别能战斗、特别能奉献、能吃苦、能团结、能创新的优良作风，以"学高为师、身正为范"为信条，发挥青年人的年龄优势、知识优势、思维优势，在教育教学中，当好模范先锋，推动三小的整体工作发展。

结合教师职业道德网上培训，10月份又组织全体教师观看了霍懋征专题报告会的录像，并要求教师上交了学习霍懋征思想体会与感想，使教师的敬业爱岗思想在学习中得到升华。开展教师献课活动，通过教学比武，提高综合素质，在教学实践中切实体现教师的职业道德水平；开展"走进名校"参观学习活动，组织广大教师到"名校"、先进校参观学习，取人之长、补己之短，开阔视野，更新教育理念。

11月，学校为进一步提高全体教师的师德素养，强化先进性教育活动效果，在全员开展学习答卷的基础上，经过推荐选拔，精心组织策划了一场集知识性、教育性、趣味性于一体的知识竞赛，区教委领导副主任、小教科科长、组宣科的相关领导参加了大会，周科长对我们的活动给予高度赞扬，并希望通过这样的知识竞赛活动，提高广大教师的知识理论水平，师德修养，从而促进学校教育教学工作迈上新的台阶。

制定《大兴三小"师德之星"评选细则》，开展"师德之星"评比系列活动。根据细则，学校评出首届校级师德标兵，教师节给予隆重表彰，在年终评优、职称评定等方面给予优先奖励。利用学校校刊《远航》和学校宣传橱窗，开设"师德之星"专栏，大力宣扬学校优秀教师的先进事迹，树立典型，营造人人崇尚高尚师德的氛围。

班主任的师德建设工作，始终是我校狠抓师德师风工作的重点。由于班主任日常与学生接触最密切，他们的一言一行最直接地代表着教师整体的形象，所以我校在对班主任队伍的建设中，无论是从选人还是在日常工作的监督指导等方面，都把树立教师师德形象，以自身高尚师德影响教育学生的观念作为对班主任工作的首要要求。

学校强化班主任在师德表现上，要注重关心热爱全体学生，尊重学生人格，公正平等对待学生，不体罚学生，注重对学生全面素质培养，不利用职权谋取私利等八个方面；在接待家长时，班主任要注意态度和蔼，有礼貌，避免态度生硬等。通过以上措施，我校教师在学生和家长中树立了良好的形象，改进了师生关系，使家庭教育与学校教育形成了一股合力。通过几年来在班主任队伍中狠抓师德师风工作，我校班主任整体师德表现有了较大提高，荣获北京市"紫金杯"班主任的有9名，更涌现出一批甘于奉献，敬业爱生的优秀班主任。其中，年轻教师崔书良被评为北京市优秀支教教师，李学静老师被评为大兴区十佳教师、杜少侠老师被评为优秀教育工作者。

3. 以系统的校本培训为内容，练就师之能。

国外有资料研究表明，一位教师随着教龄的增长，他的教学水平会不断提高，但是到了16年后，如果不加强自身的学习，他的教学水平就会停滞不前，有的其至还会退化，因此，我校逐步探索和完善教师校本培训机制，打造高质量好的教师队伍。

（1）全员培训制度。

学校采用平时分散和假期集中对全体教师进行培训。从教学设计到教科研专题培训；从班主任培训到信息技术培训。以现代教育观念培训，更新教师的教育观念；以教师基本功培训，提高教师的教育技能；以信息技术培训，丰富教师的教育手段。

（2）拜师学艺制度。

青年教师的成长关系着学校的发展，我校建立了拜师制度，将优秀教师、老教师与青年教师、新教师结成师徒对子。徒弟在师傅的诊断、指导中，不断谋求新的提高和成长。使其学有榜样，赶有目标，从而增强其敬业、乐业的职业意识，树立其勤业、精业的师德风范。与此同时，师傅本身在带徒弟的过程中获得自身发展，还可以将自己的传帮带经验和思路整理成文，这又是一种可贵的校本培训资料。传统的教学相长将在校本培训中焕发出新的生命活力。

2003 年9月，大兴三小迎来了一批风华正茂的大学毕业生，他们学识渊博、年轻有为，他们的到来为我们三小增添了智慧与活力。为了使他们能在新的工作岗位充分发挥他们的聪明才智，迈好人生的这一步，开学伊始，新调入教师拜同年级组优秀教师为师，学校组织了隆重的拜师仪式。为师代表郭华的发言为新教师的起步鼓足了勇气，也让我们看到了三小未来发展的前景无限光明。新教师代表崔书良更是在全体教师面前，展露了他们年轻人与时俱进、孜孜进取的蓬勃朝气。

指导教师深入课堂，带领新教师学习新课程标准，熟悉学科教材，制定学科教学计划，班队活动计划等。开学初新教师的备课都有初备，在经指导教师审阅并一同修改后方正式梳理成教案写在备课本上。登上讲台初始，新教师要先听指导教师的课，再反思自己备课的思路，这样周而复始，新教师上课心里有了底，逐渐放开了前进的脚步。为使新教师培训工作扎扎实实、一步一个脚印，教导处、德育处随时检查备课情况，活动安排情况等。组织领导听推门课，专题研讨课，班队活动课等。坚持领导评课、说课，随时监控，及时指导。新教师在组内听课评课的基础上，每人做校级研究课一节，在全体教师的评课中都给予了充分的肯定，得到了领导的好评。在12月份的区领导推门课中，毕静老师的一节语文课被评为A级课，让我们真正看到了新教师的成长。

学校还制定《大兴三小教师培养的目标管理》，启动了"青蓝"工程。要求青年教师"一年适应，三年胜任，五年成才"，每位青年教师都要制定1至3年业务目标。为更快实现目标，学校开展三个层面的拜师学艺工作。教龄三年内年轻教师与老教师结对子；普通教师与市区学科带头人、骨干教师结对子。学校多方面牵线搭桥，骨干教师与市、区教研员结对子。学校每年都要召开三个层次教师拜师会，并制定相关制度，要求师父帮助徒弟制定业务规划，师徒间互相听课，互听互评，促进青年教师尽快成长。青取之于蓝而胜于蓝，到2005年，我校涌现一批优秀的年轻教师，崔书良、毕静、高圆圆、麻雅斌等老师，他们虽说只有两年多的教龄，但他们在教育工作中取得的成绩是喜人的，频频在市区教育教学评比活动中获奖，毕静老师还被列为党支部重点发展对象。

（3）教师学习制度。

科学技术日新月异，现代社会倡导终身学习，教师必须成为终身学习的典范。为此，我校通过"一个重点，两类学习，三个层面，四项结合"的制度，促进教师的学习。一个重点即网络学习，老师在网络中有选择地学习，并把学习成果应用于课堂教学或放在校园网上，让全体教师共享；两类学习即政治学习和业务学习。三个层面即理论层面，学校规定每位教师每年至少自学2至3本教育专著，提升教育理论。第二层面是理论与实践层面的结合，主要是在一定理论指导下的课题研究。第三个层面是实践探索层面。课堂教学的探讨、案例的分析，四项结合就是教师自学与组织学习相结合，网络学习和理论专著学习相结合，外出培训与校内培训相结合，学历进修与专业进修相结合。

（4）名师指导制度。

2005年底，已经提前完成了校长三年任期目标和学校办学规划中提出的名师工程目标，一大批教师脱颖而出，有市级紫金杯班主任9名，骨干教师2名，区级学科带头人5名、骨干教师2名，区级师德标兵1名、评选出的第一届区级骨干班主任2名。学校鼓励本校市、区级的学科带头人、骨干教师在本校或者走出去做研究课、示范课，同时，我们也搭建平台，请校外的市区级骨干到校做课、讲座。一是帮助教师转变教育观念，了解教改信息，营造良好的学习氛围；二是通过名师讲学宣传学校，锻炼提高自身素质。一年中，我校市区级骨干在校内外讲课送课达节20余次。名师指导制度是一项双赢工作，既促进了"名师"更加努力学习，掌握先进教育理念，又让老师们在互相交流中得到启发、提升。

教师队伍和干部队伍建设是教育一个永恒的主题，也是一项长期而艰巨的工作，我们将继续以打造两支高素质队伍为目的，努力把学校建成师生共同成长的乐园。

四、让教师在课改中不断成长

新一轮的基础教育课程改革，不是换一套教科书，也不是课程内容的调整，而是一场教育观念更新和人才培养模式的变革，整个改革涉及培养目标的变化、课程结构的改革、课程标准的制定等诸方面，牵动着整个基础教育的全面改革。

随着教育教学改革的不断深入，对学校各项工作都提出了更高的管理要求。新的教学理念形成，教学内容、教学方法深刻的变革，对现代教师更提出了高标准的素质要求。在日常教学活动中，积极开展教学研究，紧贴新的教育理念，为学生创设宽松、和谐、民主的学习氛围，培养学生的创新精神和实践能力。我校确定了"以更新观念为前提，以激活教学管理为保证，以运用现代信息技术为手段，以深化课堂教学改革为重点"的工作思路，开展了各种教学研究活动，以促进教师的专业化发展，提高教师的教育教学水平。

以校为本的教学研究制度已成为了各校课程改革工作中不可或缺的教研手段。改革和完善教学研究制度和工作方式，教研工作下移，建立以课程改革为契机，以校为本的教学研究制度为手段，从而促进学校发展和教师成长，其最终目的是促进学生的发展。在教育管理和教育教学实践的过程中，我们深切地体会到：开展校本教研是促进教育教学质量提高的有效形式，教师个人、教师集体、专业研究人员是校本教研的三个核心要素，他们构成了校本教研的三位一体关系。教师个人的自我反思、教师集体的同伴互助和专业研究人员的专业引领，是开展校本教研，促进教师专业化成长的三种基本力量。依据这种情况，我们不断积累和总结，牢固树立"以人为本"和"特色立校、科研兴校、质量强校"的思

想，并落实在工作实践中。

（一）强化专业学习，让教学工作在研究中见成效

新课改实施以来，从我校的情况来看，制约新课改能否顺利实施的最关键因素就是师资水平，而实验的最大成果之一就是体现新课改精神的教师的教育教学水平的提高。教师的成长，观念更新是前提，专业化成长是基础。新课程的制定是基于许多新的观念基础上的，因此，能否理解、认同、内化这些新的观念，是关系到新课程能否顺利实施的最基本的条件，也是要反复抓、抓反复贯穿于课改始终的工作，加强领导，精心组织，切实抓好教师的业务理论学习。我校把计划好、布置好、开展好每次学习活动作为重要的一项日常工作，建立并完善学习记录，会议发言，集体讨论，经验交流等制度。通过学习，全体教师明确了课程设置的特点和具体要求，端正了小学教育的培养目标，达到了掌握学科课程标准，使用教材基本功，备课、写教案基本功，课堂教学设计、说评课、计算机基础知识基本功，切实提高教师驾驭课堂教学的艺术，并使之成为教师的工作目标和自觉行动。同时营造良好的学习氛围，树立教师终身学习的理念、习惯。加强教师理论学习就是校本教研的根本之所在。新一轮基础教育课程改革向广大教师的学习提出了严峻的挑战，同时也极大地激发了广大教师学习课程理论、教学理论、学习理论的积极性。因此，我们抓住课程改革的有利时机，明确建立了教师的一课程改革为重点的校本教研学习制度。引导教师要树立终身学习的理念、习惯，培养教师工作学习化、学习习惯化的职业生活方式，做一名学习型教师。

同时，组织参加课改的教师大力开展营造以校为本的教研氛围，努力创建学习型组织。学校不仅制定了有关的学习制度，同时每周三下午用于业务学习和教研。加强学校阅览室和校园网的建设，通过自己的网站，努力为教师提供最新的学习资料和最优的学习途径，创造优良的学习环境。再次，坚持自学为主，将自学与集体学习相结合，学习理论与指导实践相结合，学以致用，用以促学，学用相长，实现了教育理论向实践行为的转化。教师自觉学习新课程理论的现象已蔚然成风。均能自觉地在繁忙的工作之余自己安排好每周的自学时间和内容，并按要求做好适量的读书笔记从每位教师的业务学习笔记本上都能看到至少一篇新的教育随笔或读书体会。并能做到积极参加学校安排的继教学习，有效提高了教师的专业理论素养。

（二）以教学活动为载体，开展校本研究活动

1. 开展集体备课，改革研讨活动。

"以校为本"的教研，需要宽松自由的学术研究氛围，一是同年级、同学科安排同一个办公室，是教师随时都能进行信息交流和经验分享，从伙伴中获得信息、借鉴经验。二是每周三下午教研活动是学校精心安排的同教研组成员或全体教师参与的研究平台。在这个时间里，负责各组工作的领导班子成员，深入各个教研组，按开学初制定的活动计划，有准备、有安排、有步骤地开展内容丰富、形式多样的研讨交流活动。其中最主要的内容之一就是开展集体备课研讨活动。要求高质量地完成备课的基础工作。在此基础上，由主备人说课，备课组成员民主评议，充分发挥集体备课力量，让教师们畅所欲言、各抒己见，听、评、研活动一条龙，再进行全面修改，促进了教师对教材的全面交流，对教学效果进行全面反思，找出成功之处与不足，作好记载，以利不断提高教学水平。这种从独立——合作——独立的备课方式，真正有效做到了化百人之智为一人之智，形成资源共享，促进了教师对课标的自觉学习、对教材的深入理解，提高了教师们教学的预见水平及教研水平。

2. 以两"杯"课赛为契机，开展青年教师课堂教学大比武活动。

校本研究活动是促进教育教学质量提高的有效形式，其基本阵地在于课堂。我校配合区里组织的"秋实杯"、"益君杯"课堂教学大赛进行了学科教师全员参加的初赛活动，把比赛的着眼点放在了活动过程上。要求所有参赛教师围绕当前各学科组研究的专题或近期困扰自己的教学难题，按"问题、设计、行动、反思"等基本环节，先后分别承担授课、说课、评课、反思任务，掀起了"听、评、研"活动的高潮。这种以课例为载体的研究活动贴近教师，便于操作，具有一定的前瞻性和针对性，同事间可以互相切磋、互相学习、共同反思、共同进取，从而达到资源共享，促进了教学研究能力的提高。同时，为倡导团队合作进取、共生共荣、共同发展的精神，制定评选优秀教研组的评价标准，学期末评出有些教研组，用以表彰评比活动中同伴互助合作尤为突出的年组集体，极大地激发了大家的互助协作精神。在这次活动中，教师们以课程改革为己任，广开思路，在学习学科课程标准的基础上，认真钻研教材，依据学生年龄特点，设计出新颖的、切合学生实际的教案。从总的情况看，青年教师对此次课堂大赛非常重视，因为我们每个教师都明白：课堂教学是使学生获得知识、能力、情感、思想道德、审美教育、行为教育、心理教育、人际关系教育等综合全面发展的主渠道。从而我们每名授课教师都比较注重对学生学习方法的指导，留给学生更多的时间和空间，让学生主动探究，参与教学，激发了学生学习的潜力。

3. 开展教学案例、论文评比交流活动。

通过开展教学案例、论文评比交流活动，组织课改教师把自己在教育教学改革中的事例和体会、失败的教训和感想，与同伴交流，并进行深刻的分析，思考教育方法的有效性。这样尽可能发挥身边资源的最大可用优势，通过这样一种经验的分享，反思提升自己的经验，借鉴和吸收他人的经验，从而起到互相促进的作用（其中部分优秀成果已汇编成集）。教师间的互助合作形式还有很多，如教学观摩、问题会诊、专题研究、与专家对话等等，这些都让我们的教师在观念的碰撞与交流中达成了新的共识，在实践与探索中找到了解决问题的新的途径，从而让大家在教育教学的切磋、协调和合作中，实现了交流经验、互相学习、彼此支持、共同成长。

4. 建立教学反思制度，提高教师教学水平。

教学活动的开展，促进了教师在活动中不断反思，不断提高教育教学水平，通过自我反思使教师个人的自我意识和自觉行为得到加强，我们非常强调教师的自我反思，按教学的实际进程来考察，教学反思分为教学前、教学中、教学后三个阶段。学校倡导任课教师从课程实践中的问题开始，因此，我们把教师反思教学实践作为校本教研的起点来抓，作为校本教研最基本和最普遍的方式来抓，作为教师专业的核心能力来抓，作为提高教师素质的最有效途径来抓，积极引导教师进行教学反思。开展校本研究初，在制定各科计划和教研组计划的同时，我们明确要求各组教师结合前期教学实践中围绕自己的问题，自下而上地汇集组内本学期的研究专题和校级研究课题，积极培养教师反思教学的意识，自觉把自己作为研究对象，研究、反省、思考、探索能解决自己问题的教学理念、教学行为以及教学效果等要素，促进教师不断地更新教学观念，改进教学行为，提高教学水平，促进专业发展，向"反思型"教师迈进。

建立反思制度，引导教师积极进行教学反思，自课改开始，我们改革了传统的备课检查制度，本着"实行个别化设计，倡导创新设计，注重教学反思"的原则，着重强调检查教师所写的教学反思笔记、教学随感等内容。同时，通过改革课堂教学评价方法（自评与他评相结合）及创设案例、论文等评比交流活动机会，以促进教师积极进行教学反思，从而提高教师的教学反思能力和水平。并通过课后的反思评比活动，集优成集，供教师借鉴，共同提高。

另外，借助学校的电教、摄影器材，让教师自行录课，自己评价的优劣，找出不足，以待提高。

教师互助合作是校本研究的标志和灵魂。校本研究在强调教师自我反思的同时，提倡开放自己思想，加强教师之间以及在课程实施等教学活动上的专业切磋、协调合作、共同分享、互相学习、彼此支持，从而实现共同成长。学校认真组织的各级各类有益活动，多层面地为教师提供了同伴互助、协作对话的交流平台。

　　（三）启迪智慧，让教师在专业引领中提升

　　在课程改革的实践中，我们清楚地认识到，课程改革要依托校本教研，它是在"本校"开展的，围绕"本校"的事实和问题进行的研究活动，但它不完全局限于本校的力量。专业研究人员的参与是校本教研不可或缺的因素。专业研究人员的参与是校本教研的源头活水。校本教研是一种在理论指导下的实践性研究，理论指导、专业引领是校本教研得以深化的重要支撑。因此我们在学习与思考相结合的基础上引导教师注意理论指导与教研活动相结合。例如，我们建立了外出学习传达演示制度。市区行政、教研部门组织的报告会、专家讲座，教材辅导以及研究课活动，我们要求凡是参加活动的教师回来后不仅要向相关教师传达会议精神，而且要上一节能体现学习精神的课，带动全体课改教师，取得一人学习、大家受益的效果。另外，学校还建立了三级教研网，骨干教师与市教研员、区教研员的研究探讨，学校教研组之间的探讨研究。

　　与专家互动，与名师交流。我们诚请教研员及学科专家、名师来校指导，开展课堂教学研究活动，不断积累经验。我校在举行校本研究授课沙龙之际，再一次请来大兴区名师讲学团的教师来我校授课、讲座指导，促进了我校的教学研究活动向纵深开展。课后我们分别组织相关学科教师进行了研讨，在与授课教师交流与研讨的过程中，教师们更加深了对新的教学理念的理解，对如何驾驭课堂教学有了更深层次的认识。进修学校小学教研室的李萍老师为我校全体老师作了《激发兴趣 扎实训练 上好作文课》的精彩讲座。李老师以翔实具体的课堂实例，朴实生动的语言对如何上好作文课作了精辟的论述与指导。就"如何点燃学生动笔的情趣"，李老师从四个方面作了详细指导，一是让学生爱读书；二是读中写；三是给方法；四是让学生自己评改。教师们听得聚精会神，对李老师的精细阐述做了翔实的记录。专家指导，名师引路，在专业引领的基础上，开展教研活动，为教师发现问题、解决问题提供了团体共同学习、共同成长的空间。重积累，重教师素质的提高，让教师在课改实践中成长。

　　（四）以科研课题为抓手，走科研兴校之路

教师的专业化发展是教师教育的目标，既是提高教育素质、改善教育质量的一条重要举措，也是现代教育发展的一个必然趋势。教育科研是促进教师专业化发展的一条捷径，教育科研，更可以为每个教师提供广阔的发展空间。同时教育科研工作是学校工作的重要组成部分，是提升学校办学品位和办学层次的重要举措。

大兴三小是《运用信息技术优化学生学习过程的研究》"十五"市级课题、"十五"国家级重点课题《"四结合"学科教学改革的研究》子课题承担者，并于2006年上半年顺利结题。2003年10月8日，我校又参加了在首师大举行的"北京市教育信息化教师专业发展基地揭牌、试验区授牌"仪式，大兴三小正式成为此项研究课题的实验学校。使学校形成课题网，层层抓落实，以点带面，全面铺开。我们对广大教师提出：对待教科研，教师首先是支持者，接着是参与者，最终是受益者。

如今把现代教育信息技术应用于教育教学实践，已根植于我们每一个教师的心中，但信息技术应用于教学，需要教师专业化发展的支持，而教师专业化发展水平已成为开展教育改革的瓶颈。基于这一点，我们为了提高我校教师的专业化水平，我们以教育科研为先导，依托首都师范大学的专业支持，通过建立检索快捷的校园网、信息量充足的资源库，培训骨干教师，引导教师在教育改革的过程中大胆实践，锐意进取。2004年共派出9名课题组成员分别到首师大接受专业培训，并在课题组内形成辐射作用，带动全校教师走近科研，促使课堂教学更规范化、信息化、科学化。

2005年1月，教师专业化发展课题大兴试验区的总结表彰会上，我校课题组教师有5人次获优秀论文、教学设计一等奖，20余人次获二等奖，在试验区内名列前茅。2005年7月，经过两年的研究实践活动，再一次参加了北京实验区课题研究年度检查汇报活动。会上我们的研究成果接受了与会专家的鉴定考评，课题组创新实践中总结出的教学模式得到了肯定，大兴三小获得了"实验区优秀集体组织奖"，极大地鼓舞了教师们继续研究的热情，使他们在课题研究中不断成长。

信息技术进入课堂是大兴三小的教学改革特色，如何向更高水平发展是大家所面临的困惑，《教育信息化教师专业发展》课题的立项简直就是一棵救命草，让我们在摸索中看到了一线希望。国家级重点课题《教育信息化理论与教师专业发展》历经三年的研究实践，三小课题组在总课题组年度检查获得了学校集体优秀组织奖基础上，于2006年7月顺利结题。结题大会上，除课题组负责人、课题组成员获各项单项奖外，大兴三小荣获了"课题研究优秀项目学校"的称号。

（五）做好攀登英语实验课题的启动和实施研究工作

作为新一轮攀登英语实验学校，领导高度重视这一实验项目。从学校设备的准备到参加实验教师的安排以及对实验教师的待遇等都制定了周密的计划与措施。参加实验的主课教师、英语指导教师等更是怀着百倍的热情投入工作。多次与专家互动交流，为使实验很快进入状态作极大的努力。教师们积极的工作热情，严谨的工作态度得到了同行、专家、领导们的肯定与赞许。在教学实践中教师善于发现和发掘学生的优点及时给予鼓励，帮助学生认识自我，建立自信，倡导合作交流。强调学生的主动参与，乐于探索，倡导课堂教学民主。我们充分利用现有教育信息技术进行集知识教育、娱乐为一体，课内外联系，校内外沟通，学科间交融的综合课程的探究。

随着"十五"研究课题的相继结题，我们又开始了"十一五"的开题立项工作。《学校发展自我诊断研究》在年度初作了问卷调查与分析，分别为教师卷、学生卷、家长卷和社区卷；"全国中小学信息技术道德教育实验"的申报立项等均进入准备阶段。为了提升办学层次，实现科研兴校的办学目标，学校将掀起教科研活动的新高潮。

五、"手拉手"中共建，发挥示范校辐射作用

为落实区教委教育工作会中关于"完小与示范校手拉手活动"的会议精神，充分发挥示范校的示范作用，进一步增进校际间的交流与合作，实现"资源共享、共谋发展"的目标，加快农村学校建设的步伐。大兴区第三小学与青云店第二中心校南红门完小、魏善庄第一中心校西芦垡完小结为手拉手学校。

手拉手活动重在教育思想的交流，教育资源的共享，教师队伍素质和教育质量的提高。通过手拉手活动，切实让结对子学校的教师和学生受益。鼓励创新机制，通过多种途径给予结对子学校更多的支持。

赵光霞老师具有丰富的教学经验，多年从事高年级数学教学工作，她放弃了大兴三小优越的工作条件，带着领导的重托，怀着对农村教育事业献身的决心，来到了青云店第二中心小学支教。他担任了五年级两个班的数学教学工作，根据本地学生的状况，她在反复研究教育教学理论，钻研教学方法的同时，大胆地进行了教学改革实验工作。此外，赵老师还发挥自身优势，将自己在原单位时掌握的先进教学方法和教学经验带到这里，利用课余时间帮助青年教师备课、听课、

跟他们交流教学上的相关问题。在跟老师和学生的交往过程中，自身能力和水平也得到了很大的提高，为进一步搞好教育教学奠定了扎实的基础。

崔书良是一个刚刚走上工作岗位不久的年轻教师，当一个简陋而落后的工作环境进入视线后，他茫然了，那股支教的热情也大打折扣。但仅过一段时间的实践与积极求教，他又重新找回了信心，不仅努力做好承担的六年级班主任和语数教学工作，还利用业余时间做起了青二小教师们的教师。充分发挥了大兴三小及他个人信息技术这一专长，利用中午休息的时间为二小的老师们义务讲解Flash教程，取得了很好的效果。在二小老师们的献课活动中更是主动帮助老师们制作的课件，深受领导和老师们的好评。

南红门小学是青二小的一所辖属完小。学校不仅资源短缺，更缺少文化氛围，选则这样的学校为帮扶对象对我们的支教教师更是一种挑战。佟金石是一名美术教师，学的是美术专业，在美术方面有一定的专长，所以南红门小学的领导在给他安排思品、社会、劳动等学科的教学工作之余还让他负责学校的校园美化工作。南红门小学的校园环境、校园文化发生了很大的变化。操场上"发展体育运动，增强人民体质"的巨幅标语和各种运动形象催人奋进，奥运会会徽等图案激发和引领着师生们上课做操、锻炼身体；校园里一幅幅反映少年儿童校园生活的绘画营造出浓郁的校园氛围和昂扬向上的文化气息；校园外的墙壁上"学有特长、办有特色"和"更新教育观念、建设和谐社会"的巨幅标语口号正时时刻刻向社会传达着学校的办学理念和目标……

六、做好健康促进校工作，深入推进素质教育

2004 年市教委、市卫生局发出了"关于全面开展北京市健康促进学校的通知。2002 年学校在区教委及有关上级组织的直接指导下，认真学习实施方案和管理办法，积极启动健康促进学校工作，深入促进名校工程。

健康促进校是在市、区和上级领导的支持下，全面促进学生健康成长的系统工程。它的宗旨是促进健康、改善教育，这与贯彻教育方针是一致的，与我区开展的双名工程是相容的。创建健康促进学校既体现了全面育人思想，又涵盖着现代健康观和人才观。健康促进学校通过学校与社区的共同合作，给学生提供综合性促进健康，保护健康的条件。良好的学校环境提供全面具体的健康服务，并且把家庭和社区参与到此项活动中来，使学校不但成为传授知识的地方，也成为促进健康的重要场所，实质上是对教育的创新。

在健康促进学校活动中，以健康促进校为龙头，深入推进双名工程，深入推进素质教育，实施了"全面育人，办有特色，提高质量"的办学目标。

（一）建立健全组织机构

建立了以校长为组长的"大兴三小，健康促进学校工作领导小组"领导小组结构由校长、工会主席、教导处、德育处、社区代表、家长代表、学生代表、教师代表组成。领导带领小组成员制定实施计划和方案，组织教工进行学习和培训。健康促进学校的宗旨是为学生和谐发展创设一个安全健康的环境。平时所进行的一切工作都是促进学生的发展，两项工作的目标一致，相辅相成，互相促进，将健康促进学校纳入到我校每学年的工作计划之中，对学校实现奋斗目标是一个推进。

创建学校健康政策，促进全面育人工作。首先结合学校卫生管理条例，依照贯彻小学生行为规范，教师规范，先后制定了"健康促进学校的章程"，工作计划，健康卫生政策，师生体检制度，各种疾病的预防措施，学校膳食营养及管理规定，交通安全计划，保证协议书，其他防范措施及预案等系列相关政策。政策的出台到位，不仅反映了重视的程度，更重要的是为实施和推进健康促进工作奠定了坚实基础。

（二）创造学校物质环境，实现创新目标

优化学校的育人环境，它对师生的心理产生直接的情景作用。它有利于学生的学习和发展，有利于素质的培养和提高。根据学校的实际，加大了对教学设施的整体改造。重建校门，新建多功能厅，改建改装楼内宣传设施，加强电化教学的整体投入，如：学校带领职工冒着酷暑，利用暑假时间做网络教室、调试桌椅。在师生共同努力下，现代化教育设备的展现，新的教育教学手段的应用，给教育本身注入了活力。上百万元（多数为自筹资金）的投入在师生的情感态度上发生了不可估量的作用。在校园的每一个角落、每一个景观、每一个设施都诉说着教育的内涵。良好的环境影响着师生观念的形成，制约着自己的行为习惯，产生着情感的体验，从而影响激励了学生的学习和发展、教育阵地的扩展、内容的扩充与学校德智体美教育相互相连相互作用、相互协同。促进了我校新目标的实现过程。

（三）制造良好的社会环境，不断提高办学品位

加强爱国主义和精神文明教育是学校工作的专题。为了在健康促进校中强化其教育内容，我们有计划地带领学生走出校门，充分利用警校共建开展"一日军人"的活动；到养老院去为孤寡老人服务活动；到大自然去体验美好的生活；请离休老干部进行革命传统教育，激发学生爱国主义情感；把派出所的干警、司法所的司法员等请进校园，进行法制教育，观看消防知识录像等，丰富多彩的社会实践开辟了教育的天地。

学校不仅为师生创造良好的物质环境，而且还注重营造和谐温馨的人文环境。在学校中，教师与教师之间、学生与学生之间、友好和谐。学校每年召开教职工代表大会，为教师提供参与学校管理的机会，让教师成为学校的主人，为学校发展献计献策。学校德育处充分发挥学生的积极性和能动性，设立少先队先锋岗，让学生自主管理，提高教育的实效性。另外学校还在平时的教育教学中，认真听取学生的建议和意见，例如：课间活动方案的征集、校刊的刊题、版面设计征集等等，体现民主管理的特点。我校共有少数民族学生23人（均为回民），我们开展多种活动教育学生尊重他们的民族习惯，也使他们生活学习在一个友好和谐的环境中。

在教学实践中学校明确规定（大兴三小教师行为规范）严禁体罚和变相体罚学生，及时纠正教育学生的不良行为习惯（坐姿及写字的姿势等）。促进学校良好的社会环境的形成，使办学品位不断提高。

（四）创造和谐的社会关系，开辟新的教育领域

"让社区教育与学校教育共发展"是我校建立新型社区关系的目标，为此目标的实现，我们坚持在健康促进校领导小组中吸收社区领导、家长代表参加，召开全校家长会、组织专题培训，邀请社区领导和学校一起组织教育活动：学生与社区的爷爷奶奶一起铲除非法小广告，假日小队到社区进行环保活动、宣传活动，少先队员与社区领导到大街上宣传民主选举、国防知识等等，通过系列活动，让健康促进学校进入社区，深入家庭。与此同时，我们还提倡家长为孩子创造有益于他们身心健康的成长环境：定家教报、举办家教讲座、评选百名好家长等，使孩子们不依赖家长，有独立的学习空间，有自主能力，在健康的家庭环境中健康快乐地成长。

（五）崇尚个人健康，塑造一代新人

在健康促校工作中，坚持"健康第一"的思想，严格按照国家规定的"两操一课"，适当增加文体课、活动课、健康课、心理课、艺术课，有利学生全面发展。教导处把帮助学生端正学习态度、明确学习目的放在首位，加强对学困生的指导，建学困生档案，使这部分学生获得成功，增强学习兴趣。为了鼓励学生特长，学校的鼓号队、合唱队、航模队、书法小组、奥数小组、英语小组、运动队等兴趣小组做到了有计划、有措施、坚持常年活动。鼓号队、合唱队两年进入北京市级比赛。

学校积极组织各种体育活动，并坚持开展广播操比赛，组织四至六年级学生军训，开展跳绳、拔河、踢毽等单项比赛活动。为提高学生的健康技能，1至3年级开设体育卫生课，4至6年级开设每月0.5课时的健康教育课，配备了专职教师，坚持眼睛保健操检查评比活动，使健康达标率不断提高。

学校心理教育小组，积极学习研究探索，坚持以传授知识、创设情景，行为训练，措施影响多种形式教育。校长陈宗禹，教师中的李学静、李丽霞参加了心理教材的部分编写，并在实践中为心理有障碍的学生及家长解答问题。学校设立了知心信箱、校长信箱，还通过红领巾广播、小电视台开设"悄悄话"栏目，并通过学校网站设立咨询信箱，使学生在学习生活成长中的烦恼得到疏通引导，促进学生身心健康。

七、优化少先队阵地建设，提升少先队工作品牌

几年来，黄村三小少先大队从自己的实际情况出发，抓住机遇，与时俱进，充分挖掘发挥利用各种教育资源，组织开展了丰富多彩的活动，尤其是在少先队阵地建设上有了新的突破，我们坚持"抓建设、促规范、抓优势、创名牌"的工作理念，在不断优化阵地基础建设的过程中，逐渐形成自己的特色，提升自己的品牌。

（一）开拓进取，发挥鼓号队龙头作用

1.借势造势高起点建立鼓号队。

少先队鼓号队，是少先队礼仪的重要组成部分，具有不可替代的教育作用和宣传作用。2002年3月在区少工委的支持、协调、关怀下，我校建立了有史以来规模最大的鼓号队，而且有幸成为区七色光鼓号队中的红色方阵。2002年3月至6月，经过几个月的摸爬滚打，起早贪黑，刻苦训练，终于从零起点开始，训练出了一支颇为有素的鼓号队。在区里的比赛中荣获佳绩。2002年8月，暑假期间，我们又接受了去市里参赛的光荣而艰巨的任务。紧接着又是两个月的更为艰苦的训练，因为队伍要新旧更替，新队员要学技术，老队员要规范动作，再加上新老队员的融洽磨合等等，但不管多难，压力多大，我们挺过来了，在强手如林的18支队伍中，第一次参加市里大赛的我们没有辜负少工委领导对我们的期望，打进

了前十名，荣获了三等奖。实现了我区市级以上鼓号队比赛获奖"零"的突破。鼓号队的成功创造了"我们能行"的事实，极大鼓舞了我们的干劲，推动了我校少先队其他工作的开展，使我校少先队工作活了起来。

少先队鼓号队的喜人成绩，不仅打出了我校少先队的品牌、特色，而且带动了我校少先队整体工作的开展，获得了很好的教育效果和社会影响力，也树立了少先队员和学校崭新的精神风貌。鼓号队在参加庆"六一"、欢度教师节、征兵宣传、成教集团成立、中小学生运动会开幕式等大型的活动中向全区人民展示了当代大兴少年的文明风采，博得了各界人士对少先队工作的认可；通过参与鼓号队活动，强化了辅导员的规范意识、品牌意识和服务意识，增强了队员的组织意识、责任意识和荣誉意识；通过参加市级比赛，锻炼了辅导员、开阔了队员眼界，学到了先进经验、树立了少先队员的自信心和自豪感；鼓号队刻苦训练、纪律严明的作风和拼搏进取、敢于创新的精神为全校的少先队员树立了学习的榜样，激励全校少先队员勇攀高峰、再创辉煌；鼓号队的成功实现了"我们能行"的事实，极大鼓舞了我们的干劲，使我校少先队工作"活"了起来。

2. 不断总结经验 勇于再攀新高。

鼓号队训练要凝成"合力"，最大限度地争取领导、家长的大力支持配合。我们成功的做法是，每次集训先给家长发通知，告知训练的目的、重要性，训练的时间、内容，请家长对孩子给予精神和物质的帮助教育，支持鼓号队训练。市级比赛载誉归来，学校不仅表彰了鼓号队队员，还为全体鼓号队队员的家长免费订了半年的《家教报》，而且在全校家长会上大张旗鼓表扬这些家长，不仅学生以"我是鼓号队队员"为荣，就连家长也感到光彩。这样使我校鼓号队可以良性循环发展，鼓号队训练强调合作精神，要发挥学校多方面力量为少先队服务。例如：音乐老师、体育老师及班主任老师对队员的思想政治工作等等。我们请音乐老师组织号队，体育老师编排队形变化，辅导员及时和中队辅导员交流，请中队辅导员做队员们的坚实后盾，鼓励鞭策教育队员坚持训练，提高效率。

鼓号队训练是很好的教育资源，辅导员要成为队员的导师、朋友、亲人，抓住队员的心理和性格特点，利用多种形式教育队员，不仅提高鼓号队演奏水平，更重要的是在训练中提高队员的综合素质。每次训练，我们都把它看成一堂课，有训练前的目标任务，有训练后的总结表扬鼓励。而且不失时机地抓住训练中的一些细节（或是感人的好事或是训练中的问题）组织队员讨论，写体会，提高训练效率，讲求教育效果。

（二）让校园成为育人的殿堂

校园是学生生活的主要场所，如何让学生在校园环境中健康 快乐成长，一直是我们所关注的。只有让校园成为学生成长的殿堂，我们的德育工作才会是富有创意和又有实效的。

1. 健全机制，形成合力。

"育人为本、德育为先"，我校始终把德育工作放在首位，坚持常抓不懈。学校以"文明守纪勤奋学习""品学兼优学做真人"为校风校训，以"学高为师，身正为范"为教师教书育人宗旨。

为达此目标，我们还制定实施《大兴三小教师行为规范》《大兴三小教师礼仪》《10条教师忌语》等相关措施，大兴"讲师德、颂师德"之风。另外学校将师德建设渗透到学校管理的全过程中。（1）在各种考核中凸现；（2）在各种评选中凸现；（3）在各种评定中凸现。同时还建立了师德建设机制：（1）四位测评制，也就是教师评、学生评、家长评和行政评；（2）预警机制，组织教师自我对照、相互排查，凡是存在的问题都要及时纠正；（3）帮扶机制，形式有党员干部帮扶、行政帮扶、优秀教师帮扶等；（4）自鉴机制，即期初鉴、期中省、期末结等。

学校健全德育管理机构，成立了以校长为组长，德育副校长、少先队大队辅导员、年级组长、班主任为成员的德育领导小组，做到分级管理、逐级汇报、层层落实，责任到人，形成学校德育网络，保证学校健康向上的校风校纪的形成。

2. 校刊《远航》发挥育人功能。

校刊是展示风采的舞台，更是育人的沃土，2005年3月，为了倡导校园文明礼仪，学校特别推出文明礼仪专刊。专刊包括"师德建设"、"教师、家长谈礼仪"、"文明礼仪伴我行"、"新春唱响新童谣"四个板块，从不同角度反映学校贯彻落实中央8号文件精神及北京市中小学德育工作会议精神，提高学生的文明素质。

3. 活动育人。

2004年暑期，在上级领导的关怀下，学校进行了全面的装修，学校变得焕然一新。外部环境的变化，用钱用一定的时间就能完成，但这还不是校园文化，如何进一步美化它、爱护它，发挥它的育人功能，才是校园文化发挥的作用。针对这种情况，我们在本学期把德育工作的重点放在了加强校园文化建设上，开展了以"三小——我成长的乐园"为主题的一系列活动。

（1）向全校教师、家长、学生征集"美化校园"方案，优秀作品刊登在校刊《远航》上，并给予表彰。通过征集的过程，使全校学生、教师包括家长都行动起来，人人为学校美化献计献策。活动中我们共收到校园小诗50多首，校园墙壁美化"图画"30多幅，文明提示语100多句，学生们不仅锻炼了动手动脑能力，而且展示才华，使学生真正融到学校建设和发展中，从而使他们成为学校的小主人。

（2）根据教育部最新颁布的《中小学学生守则》和《小学生行为规范》，结合学校实际，我们制定了符合低年级年龄特点的《一日常规拍手歌》和《大兴三小一日常规儿歌》，并且要求各年级各班制定符合学生特点的具有特色的管理制度，大力倡导爱三小，做文明小主人！

（3）开展"三小——我成长的乐园"演讲比赛。3至6年级在本班比赛的基础上，开展全校性的演讲比赛，低年级开展"三小我爱你"说话比赛。在此基础上，学校教工团支部在青年教师中开展演讲比赛，把活动推向高潮。

（4）依托少先队组织，开展"三小——我成长的乐园"主题中队会展评，队会活动中，学生们不仅从心底里发出感慨，三小的同学好、三小的老师亲、三小的校园美，而且以小组为单位，到学校的荣誉室去参观，到档案室去调查，到老师当中去采访……用数字、用事实赞美三小的老师、同学，表达他们对学校的热爱之情。六（3）班的关月同学爸爸姑姑都是三小的毕业生，她从他们那里了解到三小的过去，了解到三小老教师的情况，了解到三小的变化，更加深了她热爱三小的情感。

（5）评出"爱校小天使"，作为学校形象的典范，在学校橱窗中悬挂他们的照片、宣传他们的事迹，并让这些"小天使"在校园的每一个角落传播文明，传播爱的种子，推动校园文化建设的开展。

（6）利用家长会进一步深化主题活动，鼓励倡导广大家长参与到学校建设和发展中来，指导家长教育支持协助孩子在学校的主题教育活动中，发挥才干。

（7）结合科技活动以及各种竞赛，继续延伸主题活动。大力表彰在各种竞赛中为学校争光，为班集体赢得荣誉的学生，倡导今天我以三小为荣，明天三小以我为荣。

"三小——我成长的乐园"主题教育活动，遍布校园每一个角落，贯穿学校每一项活动，深入学校每一名师生还包括家长。通过这样的活动，从小处着眼，从细微之处着手，不仅丰富了校园文化建设，而且使三小的德育工作更加切合实际，更加有实效性，从而推动学校全面工作的展开。

附：学校获奖情况

2003 年10月，获北京市基础教育课程教材改革实验先进单位

2003 年12月，获北京市中小学信息化工作先进学校

2004 年6月，获北京市第七届"新兴杯"英语赛五年级组一等奖

2005 年1月，学校被认定为大兴区小学示范校，2006年教育督导，被认定为综合办学效益优类校。

2005 年1月，被评为北京市健康促进学校

2005 年1月，荣获基础教育参考杂志"理事单位"

2005 年7月，全国教育科学"十五"规划重点课题"教育信息化理论与实践模式"优秀组织单位奖

2005 年9月，荣获北京市第四届小手拉大手与家人共答题活动组织奖

2002、2005年，两次荣获北京市鼓号队大赛三等奖

2005 年11月荣获北京市小黄帽路队制先进学校

2002 年5月学校连续荣获北京市星星火炬奖

2003 年5月，连续荣获大兴区教育系统先进党支部

2002 年5月，连续荣获大兴区军（警）民共建先进少年军校

2005 年1月，荣获大兴区小学示范校

2005 年1月，获得大兴区小学"雏鹰杯"数学竞赛集体优胜奖

2005 年3月，荣获大兴区卫生保健先进单位

2005 年9月，荣获区级师德先进集体

2005 年10月，大兴区第二届七色光鼓号队大赛一等奖

2006 年1月，荣获"实施素质教育先进校"

2006 年1月，命名为"全国中小学信息技术道德教育实验校"

2006 年3月，大兴区第九届艺术节调演中获小合唱、校极合唱团、校园剧一等奖

第四章 扎实行动厚内涵（2006——2009）

竞争时代，不进则退，不谋自败。以区教委2006年提出的"挖掘潜能，谋内涵发展，立足实际，求教育创新"为教育工作要点，全面贯彻党的教育方针，树立科学发展观。大兴三小以基础教育课程改革为契机，充分挖掘利用各种教育资源，以高质量实施素质教育为主题，从小事做起，从小处着眼，提升两支队伍的职业道德水平和业务能力，进一步加强未成年人思想道德建设，树立"以人为本"的教育思想，确立改革意识，创新意识、责任意识，争先意识，质量意识，提高办学品位，寻求学校发展的新突破。

一、三年发展规划

（一）办学思想及奋斗目标

坚持科学发展观，举"以人为本"之旗，走"和谐管理"之路，明确学校办学方向，坚持"以教育改革为基础，以教育科研为支点，以现代教育技术为特色，以名师带动名校为手段，全面创建优质新型学校"的办学思想。进一步培养教师成为开展教育科研的能手、捕捉现代教育信息的高手、锐意进行教学改革的巧手；实现教育面向全体学生，学生全面发展，促进学校高水平、高质量发展。

（二）学校现状及其分析

1.学校现状。

学校规模在区直属小学属中等偏上，学生近千人，20个教学班，教职工77人，其中35岁以下青年教师29名，占教职工总数的38%，36至45岁教师25名，占教职工总数的32%。教职工中学高级教师2名，小学高级教师49名，占总数的66%，小学一级教师24名，占总数的31%。具有大本以上学历40名占总数的52%，大专学历26人，占总数的34%。北京市骨干教师2名，区级学科带头人7名，区级骨干教师2名、骨干班主任2名。校级干部5名，主任级5名。学校占地面积11013m²，校舍建筑面积4296m²，有普通教室20个，专用教室仅有3个（多媒体教室1个，音乐教室1个，网络教室1个），整个学校区域布局单调不够合理，校舍以及学生活动场地明显不足。

2. 现状分析。

（1）校园空间狭小校舍紧缺。校舍紧缺，专用教室急缺，制约了学校的发展和素质教育的全面实施，因此，学校改扩建已经迫在眉睫。

（2）队伍建设任重道远。新课程的实施需要有着全新教育理念与教学行为的学习型教师队伍作为支撑。虽说学校目前有一批市区级骨干教师，但他们中年龄最小的已经34岁，新一梯队的青年骨干教师的培养是学校未来发展的根本。干部队伍人员结构和年龄结构存在诸多问题。

（3）课改教研亟待整合。我校虽有一定的教科研基础，拥有较高级别的教科研课题，校本教研与培训也在有条不紊地进行中，但与新课改的整合研究还显不够，针对性和实效性仍不强。特别是课堂教学效率问题比较突出，当前，尤其要注重找准教育科研与课程改革有机结合点，找准课堂落脚点，真正形成教、学、研齐头并进的良好局面。

（4）特色发展尚待深入。信息技术是三小的品牌，"十年磨一剑"，从1997年至今，近10年的时间，深厚的信息技术底蕴是三小的优势，应把优势转为特色。但是，年久的旧设备不适合需要，随着课程改革对信息技术在教育教学应用中的高要求，我们也急需深入。

（三）今后三年办学目标

1. 两支队伍建设。

加强领导班子建设。强化领导集体的自身建设，形成一个"政治坚定、团结和谐、业务精良、管理科学、务实廉洁、乐于奉献"的领导班子。实施人本化亲情管理，一切管理工作服务于教师和学生的发展，服务于为教师创造舒心的工作环境、愉快的学习环境，为学生创造健康发展的良好氛围。

提高教师队伍整体素质。全力推进"名优"工程，建设一支师德高尚、素质优良的科研型教师队伍。抓好师德教育，树立三小教师的美好形象，即"三爱"——爱学生、爱岗位、爱学校；"三心"——一切为了学生的责任心、献身教育工作的事业心、积极进行教育改革的进取心。到2009年，小学教师学历达标率100%。引导教师将工作与实现自我价值相联系，在工作中体验成功，享受快乐。部分教师完成由"经验型"向"科研型"的转变，激发优秀教师争做专家型教师。采取走出去请进来、集中培训、建立三小"名师团"、市区级学科带头人骨干教师与学校青年骨干教师结对子一帮一等多种形式，建立一个动态的，持续发

展的教师培训体系，促进教师素质整体提高。

2. 学校管理。

优化物质文化。今后三年中，加强学校"小电视台"建设，更新录像、编辑等设备，筹建演播室。争取政府加大资金投入力度，完成学校改扩建工程，建立心理咨询室、实验室等专业教室。扩大学校规模，争取达到24个教学班。

丰富精神文化。净化、美化、亮化、乐化校园。精心布置校园的静态环境，建设校园文化墙，丰富校园物质文化内涵，提升学校的办学品位。挖掘学校办学潜力，建设校史宣传廊，发挥"三小名人录"的育人功能，展现学校的文化底蕴。在此基础上，打造"我们一起快乐学习，我们共同主动发展"的特色校风，以形成和谐快乐、健康向上的学校精神文化，提高学校文化的影响力。

完善制度文化。建立一个制度化、规范化、民主化、科学化的管理运行机制和一个人尽其才、物尽其用、财尽其力、事尽其理的工作环境，以及优胜劣汰、优质优酬的工作氛围。

今后三年，继续规范《大兴三小教职工考核评价方案》和《大兴三小班主任管理细则》，建立"学生和家长评价教师"制度，提高学校的社会声誉。并依据一系列考核方案，制定学校教职工"聘任制"标准。

健全"评优评先制度"、"后勤管理制度"、"校长奖励基金"，逐步完善《大兴三小教职工结构工资方案》，奖优罚劣，评聘分离，以"法"制校，激发广大教师工作的积极性。

3. 教育科研。

强化科研兴校意识。立足于课程改革，着眼快乐课堂，力求教育科研有新举措，重难问题有新突破，评价方式有新变化，校本课程建设有新进展，教师队伍科研水平有新提高。

完善教科研工作机制。进一步加强科研工作领导，建立一支学习型、研究型、创新型三者兼备的教科研队伍。

创新完善校本教研制度。营造快乐研究氛围，创造性地开展以校为本的教学研究，倡导反思性教学，鼓励同伴合作与互助，为教师提供接受专业引领的机会，努力促进教师由教学单一型向知识型、研究型、学者型的综合方向发展。

实施教育行动研究策略。组织教师广泛参与课题研究，深入开展读名著、学理论、做研究、问题累积、成长记录、撰写论文、案例、教育日志、教育叙事活动，促使教师在研究状态下工作、反思。

4. 特色工作。

"现代信息技术与学科整合"是我校的工作特色。在今后三年中，随着教育改革的进一步深入，我校仍将在保持原有特色的基础上，规划自己的发展前景。一是研究信息技术与学科的整合，提高教育质量；二是以科研带动信息技术的发展之路，提高学校的办学品位；三是"以学生为本"，通过校本课程、课外小组等形式提高学生的现代信息技术素质。

在硬件设备上，增加现代信息技术设备的投入，电脑走进教室，使教室多功能化，学生上课环境多媒体化。建立高智能化的教室备课查阅室，学生电子阅览室、完成校园网信息平台构建，落实各子系统的编程，日趋完善校园网，达到学校管理的信息化。

5. 教育教学质量。

今后三年中，学校进一步完善教育教学质量监控管理制度，注重平时的过程管理，在区各学科抽测中，争取名列直属小学前茅。鼓励更多的学生参加少年宫等校外的特长学习，学生参加校内课外小组人数达100%，争取在市区及全国的各种竞赛中荣获佳绩，为学校争光。筹备组织大兴三小信息技术与学科整合现场会，全面展示学校教育教学成果。

总之，本着"务本求实，开拓进取，总体设计，分步实施，陆续完善"的方针，提升快乐内涵，创建特色名校，促进三小的可持续发展。

二、丰富内涵，增强领导力

"一头绵羊带领一群狮子，敌不过一头狮子带领的一群绵羊。"校长领导力是要求校长具有综合素质和管理才能，不仅要有管理的思想和艺术，更要用心去推进全面的管理工作。所谓用心，包括对事业的思索与探究、对工作标准及其细节的把握、对学校整体发展的渴望、对学校的责任与情感，以及对师生员工的理解、体谅和耐心等。有了用心办学的校长，学校的整体发展才会充满生机与活力，才能带出一支用心工作的教师队伍。为了提升这种领导力，我严格要求自己，坚持认真学习"三个代表"重要思想，坚持科学发展观，在大是大非问题上立场坚定，与党中央保持高度一致。而且，在管理工作中，不仅仅盯在教学质量上，更重视提高教师"幸福指数"，使其寻找自己新的增长点。

学校提倡尊重、赏识和人文关怀，尊重教师的生命价值，从生命本体的角度关照教师的成长，关注其发展潜力以及生命价值的实现。校领导像关怀家人一样

关心教师生活。教师有困难，努力帮助解决。学校关注教师的身心健康，定期为教师体检，为教师建立了健康档案。从2006年开始至今，学校免费为教师提供早餐，每周周五下午4点以后，为教师体育锻炼时间，2008年创建了教职工之家，每学期举行教职工文娱比赛，每学年都要组织教师去参观学习。学校免费为教师及上学子女提供早餐，每位教师过生日，学校都将通过大屏幕送上祝福，并送上鲜花和蛋糕，元旦，我与教师们一道包饺子联欢，亲近得像一家人。校长经常与不同层面的教师谈话，校长"茶话室"每周二向教师开放，让教师在这里倾诉感动，在这里燃起激情，在这里阐发思想，在这里放飞思维。校长在这里也把真诚的关爱和殷切的希望传递给了教师。

教师的幸福来自于崇高的价值追求。学校要发展，只靠热情是不行的，要实现优质教育，还要靠灵动的教育设想、深厚的专业素养。为了把学校建设成教师成长的家园，在校长的带领下，领导集体在分析教师学历和能力状况的基础上，多次召集会议，学习有关教师专业发展的理论，提高了对教师专业化发展的认识，确立了全面提升教师的教育境界、打造名师队伍、构建合理的教师成长梯队的工作思路。

几年的教育管理实践，也促进了我个人的发展，多次参加区校长论坛，《创新教育呼唤创新的校长》在《现代教育报》小学生专刊上发表，《小学教师的心理挫折与对策》刊登在国家级刊物《基础教育参考》上，参加校长论坛多次荣获一等奖，论文《校长领导力与教师队伍建设》在大会上宣讲。荣获北京市健康促进学校建设先进个人，北京市爱国卫生运动先进个人、北京市红领巾教育奖章、北京市中小学资源建设与应用先进个人、区优秀党支部书记、区优秀共产党员及多次荣获支持科技教育活动、关心少先队工作好校长称号。

校长的工作宗旨是实干与创新。学校的发展为校长的自我发展提供支撑，校长的发展为学校的发展增添新绿。作为一名校长应该树立教育长效理念，从教育发展思路上致力教育创新，打造教育品牌，壮大教育事业，促进持续发展；从教师工作目标上，致力师德修养，致力教书育人，致力教学创新，致力终身学习；树立四种意识：以人为本意识、教学中心意识、科研兴教意识、质量生命意识。

三、搭乘信息高速快车，打造数字化校园

大兴区第三小学是一所区级直属老校，我抓住信息化这一教育现代化的推进器，把"数字化校园"作为特色建设方向。几年来，我们在信息高速路上不断探

索、创新实践，打造出具有现代化教育特色的数字化校园雏形，实现了学校教育教学的"六化"——教育决策与管理信息化；办公自动化、无纸化；教育教学环境信息化；教育教学资源信息化；学习、教学模式信息化；教育科研与师资培训的信息化，我们求真务实，在全面推进信息化的征程上迈出了有力的步伐，留下了一个个坚实的脚印……

（一）优化硬件，强化软件

学校发展至2009年，学生班级数、教师人数达到了自1965年建校以来的最大规模，已有教学班24个，在校教师人数83人。经过2007年7月至2008年9月为期一年多的三小新建教学楼顺利交付使用。从2003年至今三小的计算机已经换了三批，计算机的更新换代的同时，三小人的现代教育意识也在不断更新。我在一次现代信息技术迅猛发展的大潮中捕捉到了适合学校自身发展的信息，特别是在2007年我感觉到一项新的现代教育信息技术——白板，将成为未来几年现代教育信息技术的生力军。因为白板有其自身的特点和优势，比如他很容易和普通的台式电脑或者笔记本电脑相连通；而且白板最大的优势就是其自身的交互性，这很大程度上弥补了普通课件的交互性差的不足，而且这种交互性不管是老师还是学生在应用起来都非常容易上手，更可以说是得心应手。所以校长果断决定购置一台，先让部分老师加以实践，进一步了解这一新生事物的性能和优势。实践证明，白板这一新的教育信息技术确实能给教学带来新的血液，学校领导集体、果断做出决定，成立以我为组长、教学主任为副组长、科研主任为课题负责人、骨干教师为组员的白板课题实验小组。

2008年对我们来说是不寻常的一年。新楼的落成，改善了教育教学条件，同时实现信息化工作的硬件也上了一个新的台阶。学校建成了1个数字化摄、录、播演室一体的专用报告厅，实现了网络直播；购置了专业的视频编辑系统，电教员可以为老师剪辑录像课和资料带即时刻录成光盘；在校园网内建立VOD视频点播系统；至今拥有2个网络教室、30个多媒体教室和2个大型多媒体会议室、3个白板专用教室；每位教师配备了一台多媒体计算机，每位骨干教师配备了一台笔记本电脑；每6名学生就拥有1台电脑。硬件的更新为实现我校"数字化校园"，奔驰在信息化的高速公路上奠定了坚实的基础。

为了能充分发挥硬件作用，必须强化软件，即提高教师的信息素养、应用硬件的能力。

1. 以培训促应用。

首先进行的是校本培训，由我校管理多媒体教室多年的王老师对全体教师进行多媒体教室应用与维护的培训，旨在全员参与，利用声、像、图、文提升学生学习的兴趣，突破难点、突出重点的同时珍爱得来不易的设备；其次专业培训，我们请来白板公司的专业人士对其设备的独特优势进行了再培训，加深老师对这一师生互动平台的认识，激发教师应用其平台的欲望。第三利用网络对《中小学数字化图书馆》再次进行培训，以强化师生对这一免费资源的应用。

2. 以活动促提高。

为进一步推进信息化校园建设的步伐，我校以"五个一"活动促教师信息化素养的提升，即精心打造一篇应用数字图书馆、白板、网络的教学设计；制作一个切合教学实际的课件；展示一堂教研组经心推敲的信息技术和学科整合的课；组织一场别开生面的演讲比赛，即数字图书馆读书有感；撰写一篇关于电化教育应用论文。老师们在活动中积极参与，精心准备，成果丰厚。学期末有32人次分别荣获国家级课、论文一二三等奖；41人次分别荣获市级课、课件、论文一、二、三等奖，36人次分别荣获区级课、课件、论文一二三等奖。通过活动促进教师信息化素养的提高。

（二）积累资源，实现共享

网络优势就是实现资源共享，少走弯路，提高效率。我校已初步建立了自己的资源库。这里有全套的具有学科个性和实用价值的教学设计；有教师几年来制作和网络下载修改版的经典多媒体课件；有富有教育意义的爱国影片；有教师常用的软件等等。这些资源放在服务器上随时供师生享用。同时我校还建立了德育网站和部分小学科网站，80%以上的班级建立了班级博客。资源共享，方便、快捷，这应该就是现代网络受欢迎的很重要一个原因吧。

（三）科研引领，带动发展

以科研带动信息技术的发展之路，提高学校的办学品位。目前学校有国家级课题3个，北京市课题2个，区级课题5个。《基于交互白板的校本研修 促教师专业化成长探究》《网络环境下的学科教学策略研究》《小学网络道德教育有效途径研究》《信息技术与英语课堂教学整合的研究》等课题，在领导的大力支持下，在全体课题组成员的通力合作下都达到了预定的效果。我校教师的科研成果有17人次分别荣获国家级课、论文一二三等奖；31人次分别荣获市级课、课件、论文一二三等奖，32人次分别荣获区级课、课件、论文一二三等奖。

2008年10月杜菊花、刘云鹏两位教师分获第六届全国中小学信息技术创新与实践活动决赛教学实践评优项目创新课赛一二等奖，并在大会上进行交流。2009年7月，我校有4位教师课例在在第二届全国中小学新媒体新技术教学应用研讨会上基于交互式白板学科教学观摩研讨活动大会上进行交流。

（四）学科整合　提高兴趣

在学校信息技术特色发展上，我们运用新课程的理念研究信息技术与学科的整合，提高教育质量。由于有了前期多媒体教室的培训，有了共享资源的方便、快捷，我校运用多媒体进行教学的教师达到了100%。运用网络进行教学的教师也已经达到了50%。刘云鹏老师的《长城》《圆明园》、刘芳老师的《美丽的小兴安岭》等网络课孩子们都非常喜欢，是网络这一平台拓宽了师生的知识视野，拓展了课本的知识范畴。

（五）校本课程　彰显特色

我校开设校本课程《海龟机器人》有三年的时间，学生非常喜欢这门课程。教材是我校的老师根据机器人的品牌和应用程序编制而成，机器人是我校教师根据课堂教学需要及比赛需要改造而成。机器人进课堂，全面提升学生的现代信息技术素质，使学校信息技术特色之路有了新的发展。今年，学校机器人项目共荣获全国一等奖2个、市级一二三等奖8个，区级一二三等奖30个，我校连续三年荣获科技教育机器人项目特色校，可以说，这项活动的开展，使我校信息技术特色教育有了新的腾飞。

（六）家校互动"网""通"合一

在2008年末，校园里开通了"清华首信家校互动"业务，为家长和老师提供了一种全新的交流方式。"家校互动"，使得学校与家长之间通过电话语音留言的方式及时交流，促进家校教育步调一致，教育效果得到优化。这种以"家校互动"为沟通媒介的新型互动教育模式已成为我校家校联系的至宝。

对老师而言，"家校互动"是家校沟通的互动平台，是有效完成家校联系的全新方式；对家长而言，家校通是家长获取子女在校信息的实时手段，是获得家庭教育帮助与培训的有效渠道。对学生而言，是增进与教师感情交流，与家长亲密沟通的有效桥梁，是与家长沟通的代言人，是获得学习指导的园地。

"家校互动"开创性地将新兴的互联网技术和现代通讯技术引入校园网，在家庭和学校间架起一座空中桥梁，为家长提供方便快捷的新沟通平台，"家校通"的应用必将增进家长和老师之间的感情，密切学校与家庭的联系，完善学校的管理，使学校的教育活动更好地接受家长的监督，有利于提高教学质量。更进

一步推进信息化校园建设的步伐。

（七）数字图书，收益多多

北京市为了加强中小学数字化图书馆建设，加快推进首都教育网络化、数字化、信息化发展进程，更新了数字图书馆，新版的数字图书馆以读者为中心，增加了新书荐购功能，这一功能使读者可以将图书馆中没有的图书推荐上去，图书装备部门会及时按照老师的推荐书目图书采购.而且新版的数字图书馆还将尽快的采购一批新书，尤其是与新课程改革有关的书籍；还增加了师生喜欢的板块，比如：书评、读书笔记、社区、圈子等互动板块.通过交流达到了资源共享和推广的目的，让师生们享用到了这一顿资源大餐。我校领导对于这项活动非常重视，具体分三步走。

1.周密计划，重点培训。

学期初，我校制定了周密的计划，具体到了每月的主题及组织形式。

（1）明确数字图书馆的优越性。

要实现应用数字图书馆，首先还是要认识它，了解它，知道了它的好处及优越性，才能主动地运用它。我是信息技术教师，可能运用的熟练程度较好，我用我的实例告诉师生们：在数字图书馆里看书真的很方便，只需注册，无须任何证件，不花任何费用，是名副其实的公共图书馆；每天24小时开放，不受地域和复本量的限制，一本书可"借阅"，"借书"不用还，更不会有"超期罚款"；有数字图书馆搜索引擎，可以方便地检索并可在网上阅读原文。今年我校每位教师配备了一台新电脑，网络24小时开放，两个机房也已经建成。这为我们提供了丰厚的后勤保障，因此，我们要利用这些优越的条件和免费的资源，很好地丰富自己的知识。

（2）技术培训。

由于中小学数字图书馆已经进行了更新，新的功能及用法可能师生不太了解，还有的师生不常用这一资源，可能已经淡忘了，针对这种情况，我们进行再次培训。将数字图书馆的操作说明重新编辑，一份是教师专用说明，另一份是学生专用说明，并分批次进行培训。

第一，教师培训。数字图书馆是提高教师的教育教学水平的一个平台，领导在充分了解了数字图书馆后，于是决定利用周三下午全体教师的例会时间对全校教师进行培训。培训的形式是讲座加互动，培训的过程中，有讲，有和老师们的互动，在相互的探讨中，逐步解决实际中的问题。经过培训，全校教师已经基本掌握了数字图书馆的使用，并能在各自办公室进行图书下载与阅读。

第二，学生培训。根据学生不同的条件，学校作出决定：第一，由班主任向学生简单介绍数字图书馆，再给每位学生发送一份数字图书馆的简单介绍及操作说明。让家庭有条件的同学可以在父母的帮助下登陆数字图书馆，进行学习与应用。第二，利用信息技术课培训，每月拿出一课时信息技术课对学生进行数图的培训。第三，针对没有条件的学生，学校领导特开绿灯，允许学生到本校的网络教室学习与阅读，那里有信息技术教师进行辅导。对于这来之不易的学习机会，所有同学都表现出极高的热情。最后，目标基本达到：高年级学生会操作数字图书馆，低年级学生知道和了解数字图书馆，有条件的可以在家长的帮助下看书。

2. 利用书馆，付之实践。

数字图书馆开辟了我们的读书新途径；只要有了网络，就等于随身带着一个图书馆；节约时间与资金。在培训结束后，为了能让数字图书馆应用的更广泛，为了能使更多的人感受数字图书馆，10月我校开展了读书有感活动，有了前期培训的积淀，师生们遨游在书馆中，在这里他们享受到了数字图书馆的快捷与方便，饱尝了书带给他们的知识与乐趣。为了师生们能读到更好的书，大家相互交流体会，月末我们共收到师生文稿150多份。这里他们畅谈了自己的读书体会，写出了自己的真情实感。同时我校还开展了读书竞赛活动，在68份征文中推出了部分优秀作品，组织了演讲比赛。通过活动，让孩子们更多的了解数字图书馆，把更多的好书推荐给大家，使更多的师生参与到其中。

数字图书馆中有很多适合教育教学用书，教师在学习的过程中受益很深，觉得应用到教学中可以帮助学生自学，拓宽学生的知识，开拓学生的眼界。因此我们的更多老师把数字图书馆应用到了教学中，写出了适合自己学生的教学设计。我们收到了教学设计36份，

总体感觉是满足学生对知识渴望的同时也让孩子在接触网络初期得到正确的引导。我们学校在做《小学网络道德教育有效途径》的研究，我们在探索的途径中有主题探究、学科渗透、多彩活动、主题网站、班级博客等，其中数字图书馆也是我们实现网络道德教育的有效途径之一，它能正确引导学生上网，让学生上网有明确的目的性，在这里不但能看到更多的好书，还能发表自己的心得体会，这样减少了他们上网的盲目性以及玩游戏的时间，使孩子们能健康地遨游在网络世界里。

3. 成果回报，总结表彰。

一个学期下来，我们顺利地完成了一个小循环，从培训到尝试读书写出体会，最后到付之实施，让师生更进一步认识了数字图书馆，更加体会了数字图书馆带给我们的好处。同时在诸多作品中，我们推选了68份学生作品，36份教师读后感，36份教学设计报送到大兴信息中心。我们不在乎中奖率的多少。我们享受的是这一过程中得到的。我们的体会多多，成果丰厚。我们学校在期末对于获奖作品也做出相应的奖励，鼓励师生更好地利用这个平台服务于教育教学。

四、以校本研修为平台，促教师专业化成长

学校发展有赖于教师的专业发展，学生的主动发展取决于教师专业素养的不断提升，现今随着课程改革不断深入，学生培养目标的转变，对现代教师提出了更高的要求。因此教师的专业发展不仅仅是教师个人的事物，更是时代、社会的要求。校本研修是加快教师专业化进程、提高教师专业水平，更是学校教育内涵不断提升的动力之源。

广大一线教师，确立起以校为本、主动发展的观念，以求真务实的态度积极投身于课程研究、教学改革，在全校兴起了狠抓教学研究、教育科研的新高潮，对提高全体教师专业发展水平，对丰富良好的校园文化内涵，对提高学校办学水平和教师教学革新的能力起了十分重要的促进作用。

（一）加强两支队伍建设，促进教师专业化发展

学校要提高教育质量，就必须拥有一支高素质的师资队伍。几年来，学校一直把教师队伍建设作为学校发展的头等任务来抓，把师资的培养和储备作为促进学校发展的一项重要的基础性工程来抓，采取多种综合性措施，以全面提高师资整体素质为核心，以培养学科带头人和骨干教师为重点，努力建设一支素质优良、业务精湛、结构优化、配置均衡的可持续发展的教师队伍，从而提升学校的办学档次和办学水平，促进学校向更高的层次发展。

在上级党委、政府的正确领导下，学校全面贯彻党的教育方针，坚持科学发展观，以高质量实施素质教育为主题，全力推进小学规范化建设工程，干部教职工励精图治、团结协作、锐意进取，狠抓一个根本——教育、管理"以人为本"；二项建设——领导班子建设、师资队伍建设；三个提高——提高运用现代教育技术的水平、提高校园文化育人作用、提高学校教育的质量。学校面貌有了新的变化，教育教学取得了新的业绩，学校"以现代信息技术实施素质教育"的办学特色有了新的发展，进一步提高了办学品位和内涵，使大兴三小赢得了良好的社会

声誉。

1.加强干部队伍建设，提高干部的业务素质和管理水平。

我校一直十分重视干部队伍建设，始终以"狠抓干部队伍管理，促学校整体工作健康发展"的思想为指导，要求领导班子成员做到学习领先，开拓领先，奉献领先，业务领先，树立人本管理理念，增强管理的服务意识和功能，积极引领和服务教师的发展。学校坚持每周一行政例会，每次例会都有一位干部组织大家学习，通过理论学习、专题讨论、民主生活会等形式，不断提高干部的业务素质和管理能力，以便更好地为教师服务，更好地做好自己的本职工作。为了提高班子的群众威信，学校出台了《大兴三小干部行为规范》，班子成员每天轮流值班，挂牌上岗。同时制定了干部年级负责制制度，每人负责一个年级，参与这个年级的学生管理工作，深入一线了解情况。干部充分发挥其领导素质和工作魅力，切实加强对教师的教育、管理和引导，努力提高教师的思想素质和业务素质，使他们安教、善教、乐教，为学校的可持续发展奠定了坚实基础。

2.加强教师队伍建设，促进教师专业化水平的提升。

引导教师将工作与实现自我价值相联系，在工作中体验成功，享受快乐，以典型的教育案例启发教师、感染教师，在每周教师会上，对涌现出的师德典型进行表扬和宣传，教师节对被评为年度师德标兵的教师进行表彰和奖励，开展师德标兵的演讲活动，开展党员教师与要求进步积极分子结对子活动等。以身边的人、身边的事教育身边的人，弘扬师德建设主旋律，以榜样的力量凝聚人，以《大兴三小教师行为规范》为基本准则，学校涌现出一大批爱岗敬业、踏实肯干的优秀教师。

制定教师生涯发展规划，促进教师专业发展。为了加快教师队伍的成长，学校制定了全员培训制度、拜师学艺制度、教师学习制度和名师指导制度。要求青年教师"一年适应，三年胜任，五年成才"，制定《大兴三小教师培养的目标管理》，让每位青年教师都要制定1至3年业务目标。为更快实现目标，学校开展三个层面的拜师学艺工作。教龄三年内年轻教师与老教师结对子；普通教师与市区学科带头人、骨干教师结对子。学校多方面牵线搭桥，骨干教师与市、区教研员结对子，为青年教师成才创造条件，为中青年教师提供展示才华的舞台，为老年教师拓展发挥空间。学校每年都要召开三个层次教师拜师会，并制定相关制度，要求师傅帮助徒弟制定业务规划，师徒间互相听课，互听互评，促进青年教师尽快成长，为学校发展提供后劲。

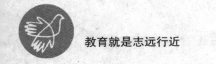

3. 以教科研为载体，立足校本，让教师成为研究者。

立足校本，进一步强化校本教研工作，引导教师低起点、小科研，从身边发生的教育教学问题和现象进行研讨。从年级、校级教研课到青蓝工程徒弟汇报课、课题研究课等，做到人人上一节好课，形成"学一手、露一手，尽早成为行家里手"的趋势。

加强教师之间同伴互助、合作研究、共同提高，必须开展需要合作的活动，激发教师参与合作的意愿。课题研究式教学研讨活动，能够不断提高教师的科研能力。大兴三小白板项目课题组的教师在活动中得到很好的锻炼与提高，涌现出了一节节特色鲜明、质量较高的优质课，体现了"不求完美，但求突破"，"重结果，更重过程"，"步步是研究，段段有成果"的特点，取得了较为突出的科研成绩。

(二) 注重研修制度建设，探究校本研修活动模式

学校在教学管理中制定和完善了各种相应的制度，如专题讲座学习制度、走班上课教研制度、学校优秀教研组评选制度、师徒结对和名师带教制度、优质课评选制度、骨干教师示范制度、教学课赛制度、教师讲堂研讨制度等等，这些为校本研修活动的开展提供了保障，同时也进一步促进了每一位教师的参与和投入。

顺利推进课程与教学改革的一个重要环节是抓教研组建设。学科教研组、课题研究组是学校教学业务的一个实体单位，教师长时间生活其中，互相之间最了解，彼此间的影响也是最直接、最大，教研组的工作、思想氛围直接左右影响着每一个教师。教研组不仅是教师备课、办公、休息的场所，还应该是教师切磋、交流经验，互相提高的俱乐部；它不仅是青年教师健康成长的沃土，还应该是课程与教学改革的前沿指挥部。在新课程实施的背景下，学科教、科研组的功能不仅仅是布置任务，统一进度、集体备课、研讨，而首要的是要解决如何把新课程理念，变成教师日常具体的课堂教学的行为。依此，我们把教科研组作为校本研修活动的基地。

教师是校本研修的主体。进入新课改以来，教师的专业化成长成为实施新课改的主旋律，如何提高不同层次教师的专业化水平，我校在教师的专业成长方面提出了自己的观点和看法，在重视自主学习、自主发展、自主提高的基础上，实施分层学习、择时学习、因质学习的思路，目的是使不同层面的教师，通过自主学习、研修相继，达到最大程度的发展和提高。

创建学习型校园，积极为教师搭建学习平台、实践平台、反思交流平台。结合教师讲堂重点做好四个层面的培训工作：一是教学管理人员培训；二是对适应期的教师"发展"的培训；三是对发展期教师的"骨干"培训；四是对课题组成员进行全员培训。

开展好书传看，好文章传阅、好课共赏、好思想共享系列活动。以教研组为单位，每月推荐一期理论学习资料，每学年举行一次读书笔记展评，每位老师每学期整理5000字以上的学习笔记。青年教师要刻苦学习钻研有关新课程的理论，做好读书笔记或心得体会。每月教育摘记不少于3篇，并写好心得体会；每月撰写一篇具一定质量的主题式教学反思和一篇500字以上的教育、教学故事或教学随笔。在研修相继过程中，创建特色化教研组，规范教研管理，拓宽教研途径，组织好课例研讨，开展多人磨一课，一课多次磨的磨课活动。把学习与教学实践有机结合，很好地达到了研修效果。

（三）采取有效措施，营造研修氛围

首先是树立以教师为主体、促进教师成长的校本研修观。课程改革背景下的校本研修，是以教师为主体，他们是教研的主人；促进教师专业成长是校本研修的重要目标。从这样一个意义上讲，确立以教师为主体、促进教师专业成长的教研观，会唤醒教师研修的自觉意识，并逐渐形成自觉研究的行为需求。

（1）走出去，拓宽学习视野。

走出去、请进来的办法一直是教师教育教学水平提高的重要途径。走出去是指让自己学校的老师走出校门，去接触更为广阔的教育天地，开阔视野，增长见识。请进来是指把著名的教学专家或者教育专家请到学校里来，为老师们讲课，提升老师们的专业水平。三小的领导班子一行人当然也认识到了这一点，并且积极地为老师们做工作。2008年1月20至25日的东北师大之行就是走出去的典型。经过我多方筹措，最终和东北师大达成协议，我亲自带队，有18名骨干教师、学科带头人组成的学习小组经过7天的紧张学习过程顺利地完成了东北师大的研究学习。此次培训的主讲教师，都是由一线教师成长起来的专家、教授，他们个个学识渊博，不仅具有非常丰富的教学理论知识，先进教育观念，更有丰富的教学实践经验。教师们虽然每天生活在从未接受过的寒冷环境中，却无一人叫苦。他们把更多的注意力都集中到了学习思考上，总嫌时间过得快。在培训归来的汇报总结会上，他们的发言更是激起了其他教师参加学习的欲望。一位老师在谈到学习的感受时这样说："6天的学习让我们感觉学习真是一件很快乐的事，也感受到在新课程改革的浪潮中，未来的教育对教师的专业化水平要求越来越高，作为一线教师，我们不仅要学会放电，同时更要学会充电，把学习当成一种习惯，作为个人潜心钻研教学、提升教师专业化水平的良好品质。因为学习是一面镜子，既让我看到过去的自己，也看到现在的自己，更为我创造了一个自我发展的将来。"此行，使老师们的眼界大开，接触到了最新的教育潮流，专业素质得到了较大的提高。2008年暑假的丰台优龙之行，学校请来了两位专家级老师和区研究中心褚长萍主任为三小的班主任老师们讲授班主任工作的最前沿知识，使三小的班主任老师们的专业水平又有了新的进步……

2009年1月11—13日大兴三小一行40名教师参加了以班主任工作为主题，为期三天的培训活动。本次培训邀请了西城区教育研修学院心理部侯炜老师作了题为"和大家谈谈习惯"专题讲座，侯老师就小学生行为习惯的养成深入浅出地阐述以及案例分析，紧紧抓住在场的近百名教师的心，各个听得津津有味；北京教育学院心理系李丰老师的"有效沟通"在理论支持下的现场互动更是把大家带到了学习的高潮；大兴进修学校德育研究室主任褚长萍老师的"浅谈小学班主任的德育工作"从理论到实际，贴近工作实际，以我们身边的故事引领班主任工作。三位专家的精彩报告使老师们受益匪浅。

几年来，学校抓住各种机会，多次派干部教师外出学习、考察，使他们开阔了视野，提高了认识，为学校发展、教师成长起到了推波助澜的作用。

（2）请进来，发挥专业引领作用。

2008年3月26日，我们请来了北京府学小学的王晓春主任，就"教师发展与个人成功"这一主题为教师进行讲座。王主任深入浅出地为我们对"教师发展与个人成功"作了精辟的阐述，全体教师感同身受。教师发展、教师专业化发展是我们追求的目标，在追求目标的过程中，没有教师不想成功。通过学习，教师们开始对自己成长有了规划，建立了教师个人成长档案，并时刻激励自己不断进步。

2009年3月5日，北京天士博公司培训部主任、讲师等一行6人走进了大兴三小电子白板专用教室，为我校30余名教师进行了交互式电子白板的升级培训。教师们边听讲解边与讲师互动练习，两个小时的时间很快过去了，培训取得了极佳的效果。

2009年5月7日，大兴三小请北京市著名特级教师，北京教育学院朝阳分院的薛晓光老师。薛老师在这次讲堂中，就"优化教学环节 提高教学效率"这一课题，结合自己多年的教学经验和积累，为老师们奉献上了两个半小时的精彩讲述。"优化教学环节，提高课堂效率"这一话题教师们并不陌生，但就"策略与方法"则是众多教师可遇而不可求的，薛老师两个多小时深入浅出的阐释，既有理论又有多年的实践经验，老师们听得全神贯注，当薛老师结束她的报告时，教师们还意犹未尽。相信聆听薛老师的讲述后，老师们对于如何上好一节语文课会有新的认识和方法。

外请专家的领域涉及了学科教学、学生心理健康、班主任的德育工作等方面，一次次聆听专家的讲解，一次次专业水平的提升，老师们都说，"培训就是给我们最大的福利"。

（3）搭平台，促进教师专业化成长。

2008年3月5日，学校举行了"教师讲堂系列活动"启动仪式。大兴区教委小教科周科长、进修学校师训部张主任参加了活动。教师讲堂系列活动拉开帷幕至今，学校参加讲堂活动的教师已达百余人次，涉及的内容广泛，事例典型，在教师们的现场互动中碰撞出新意，碰撞出提高，为教师专业化成长起到了极大促进作用。

"教师讲堂"是大兴三小立足学校实际，依托本校资源，促进教育教学科学研究，提升教师专业化水平的科教研活动。此项活动的开展，为教师教育智慧的交流搭建了平台。"教师讲堂"活动以"引领·交流·反思"为主题，内容涉及新课程改革、课堂教学、科研成果、班级管理、德育教育、心理健康教育等层面；形式为对教学理念、课改理论的实践认识、教育叙事、课堂一刻、教育瞬间、教学精点反思及教师论坛等，展示教师独到的教育理念和学校学科建设水平。从校长到学校干部再到各级骨干教师依次参加。老师们结合自己的工作实际，围绕"教师成长与发展"、"如何做好班级管理"、"提高课堂教学实效性"、"校本研修落到实处"等专题进行教师讲堂活动，他们以多年来教学实践中的经验和体会，深入浅出阐述了自己的观点，立意新，也更贴近教师的教学实际。"课堂一刻"，老师们讲述自己在教育教学中的精彩片段或教学亮点，使这项活动向着更高、更深层次推进。

（四）拓展研修渠道，深化课堂教学改革

1. 课题引领 科教一体解决教育教学中的实际问题。

为推进全校的校本研修向更高层次发展，学校以教研组为单位，或以课题组的形式，围绕课题开展理论学习、问题研究、实践尝试和教学反思。例如我校语文学科的"小学语文教学中，工具性与人文性统一的研究"、数学学科的"在小

学数学教学中转变学生的学习方式，提高课堂教学实效性的研究"以及2008年3月份启动的"基于交互白板的校本研修，促教师专业化成长探究"等课题，均以研修活动的形式开展研究，主阵地是课堂教学。

根据研究专题，执教者进行备课，着重指向研究课题进行教学设计，交流研讨，集体备课。一是交流对问题的认识和解决问题的对策；二是讨论执教者提供的研究课教学设计，提出具体的修改意见。随后，执教者根据大家提出的意见修改方案。执教老师上课，其他教师听课并对研究课进行分析评议，通过对教学细节的分析，深入理解先进的教育理念，深入研究教学策略的改进。

加强教师之间同伴互助、合作研究、共同提高，必须开展需要合作的活动，激发教师参与合作的意愿。课题研究式教学研讨活动，能够不断提高教师的科研能力。能够有效地促使教师把教育科研与具体的教育教学工作有机结合起来，帮助教师掌握教育科研的基本方法，提高教师观察、分析、归纳、表达问题的科研能力。

2. 课堂引领，提高教师的课堂教学水平。

学校的中心工作是教学工作，教师的中心工作是课堂教学。实施课堂引领，提高教师的课堂教学水平，是实施校本研修制度建设的落脚点，对于提高教育教学质量具有非常重要的作用。

（1）走班上课，打造研修团队。

为更大面积地提高教师的课堂水平，为教师搭建展示自我、提高自我的平台，学校每周安排全校性的研究公开课，开展丰富多彩的课堂观摩、研究活动。在实施过程中，教研组、课题组采取走班上课，做到有听必评，课后同学科教师进行评课，发现亮点特色，改进不足。从课堂的方方面面入手，真正把听课当成提高教师课堂教学水平的有效途径。同时，高度重视教学活动的反思，建立教师校本研修档案，教师每月要写4至5篇教学札记，以教学案例、教学反思和教学后记为主要形式，及时反思当月的教学工作，努力促进个人专业化成长。

2008年10月10日至24日，学校数学学科在各年级组集体备课、同伴研修、走班上课、交流研讨、修定方案基础上，由5位教师先后代表本学段组进行了课堂教学研究课，呈现给全体数学教师。在走班上课的过程中，每一位授课教师和听课教师都感觉受益匪浅，可以说在这个过程中教师的授课水平在不断提高。10月29日的教师讲堂活动，课题负责人陈秋霞主持，由参加过全国创新课大赛荣获一等奖的杜菊花老师主讲她的课堂设计思路与反思，教师们就数学课堂教学的一些想法和问题作了现场研讨，真正达到了教学研究的效果。

2008年11月11日到21日，我校语文学科同样在各年级组集体备课、同伴研研修、走班上课基础上，由8位教师先后代表本年级组进行了课堂教学研究课，呈现给全体语文教师。通过此次教研活动的开展，一方面教师们的科研意识增强了，从对所讲课文的精挑细选到教学环节的精心设计，都立足于语文教学"工具性与人文性统一"的课题研究，使语文的工具性与人文性有机融合、相互统一、共绽芬芳；另一方面，此次教研活动还增强了教师们同伴间的合作与沟通，老师们相互学习、相互借鉴、资源共享，形成一个自下而上、联系紧密的体系，而不再是"铁路警察各管一段"。11月26日的教师讲堂活动，课题负责人郭华主持，由两位授课教师现场说课，全国体教师参加评课、议课活动。教师们表示将在今后的教学中不断探究、不断实践、不断完善，力争使语文学科的整体教学水平迈上新的台阶。

（2）精心"磨课"，创造特色团队。

教学的主阵地在课堂，多种形式的研究课活动，均为每个教研团队提供了研究环境。如新调入老师的亮相课、老教师的示范课、学科骨干的精品课、师徒汇报课等，以教研组为单位开展多人磨一课，一课多次磨的磨课活动。这种以课例为载体的研究活动贴近教师，便于操作，具有一定的前瞻性和针对性，积极为教师创设互相切磋、互相学习、共同反思、共同进取的教研环境，从而达到教师间的资源共享，促进了教学研究能力和教师专业水平的提高。

3.名师引领，促进教师梯队建设。

为充分挖掘学校的名师资源，发挥他们的示范带动作用，促进青年教师尽快成为骨干教师，学校开展了"骨干教师培养工程"，在学校优秀教师的专业引领下，实行帮扶教师与骨干教师培养对象单兵教练，促进年轻教师的快速提高与成长，形成学校充实培养骨干教师的良好运行机制，有力地促进了学校教师的专业成长，促进了学校的可持续发展。具体做法是：采用"诊断课——示范课——跟踪课——汇报课"的四步循环进行骨干教师培养。目前，学校现有区级以上学科带头人和骨干教师23人，他们具有丰富的教学经验、先进的教学理念、掌握了一定的现代信息技术教育手段、拥有着深厚的教育理论功底。"支持"——发挥其带头作用；"依靠"——发挥其激励作用。充分发挥骨干教师、学科带头人的示范作用和辐射影响，对带动教师整体教师队伍素质和全面提高教育质量具有重要意义。教师在校本研修的实践中，逐步养成了融工作、研究和发展为一体的新职

业生活方式。学校形成一支整体专业素养较高、结构合理的教师梯队，以适应学校发展目标的实现。

教师在校本研修的实践中，逐步养成了融工作、研究和发展为一体的新职业生活方式。教师在学生理想发展的教育实践中以及伙伴互助的学习共同体中，充分体验职业生活的满足感和成就感。学校形成一支整体专业素养较高、结构合理的教师梯队，以适应学校发展目标的实现。

五、课题导航，走科研兴校之路

教育科研是学校上台阶、上水平的重要条件，是学校可持续发展的动力，同时也是教师提高素质的必然选择，因此，我校坚持走"科研兴校"之路。坚持"向科研要质量，以科研促发展"的理念。学校教科室在"科学发展观"思想指导下，着重从制度管理、过程管理入手，不断强化教科研工作，不断提高学校教科研水平。

（一）落实三级课程目标，加强课程建设力度

从2006年起，我校结合实际，开设"机器人（LOGO）"的课程，从适应学校教育多层次、多元化的要求，着眼于尽量满足学生的个性发展需要，针对学校、教师差异性，能与国家课程、地方课程整合并起到相互补充作用

明确三级课程管理的基本模式，在实际工作中按北京市课程的总体设置，开足开齐课程，安排好地方课程，并依据本校实际和课程实施方案，在学校在执行国家课程和地方课程的同时，开发或选用适合本校特点的课程。设立专业教师，校本课程与地方课程与国家课程同等对待。

（二）以科研课题为抓手，走科研兴校之路

教育科研是促进教师专业化发展的一条捷径，教育科研，更可以为每个教师提供广阔的发展空间。同时教育科研工作是学校工作的重要组成部分，是提升学校办学品位和办学层次的重要举措。

1. 扎实开展课题研究。

随着"十五"研究课题的相继结题，"十一五"各级课题开题立项及研究工作也于2007年年初相继启动。及时总结"十五"主课题"信息化理论与教师专业发展"课题研究的成功经验，重视成果的推广与运用，2007年3月，我校正式出版了"十五"科研成果丛书《杏坛花开》。为了提升办学层次，实现科研兴校的办学目标，学校掀起了教科研活动的新高潮。

我们以课题研究作为校本教研的有效形式，以"科研管理规范化，课题研究实用化"为主导思想，切实进行研究。各学科组根据自己的教育教学实际，确定好自己的研究小专题，进行专题实践研究，重视研讨过程，并反思研究结果。每学期各课题组按计划进行课题研究汇报课及各种形式的阶段成果上传。以课程改革为重点，以课堂为中心，把好选题立项、组织实施、总结交流三个关口，确保了课题研究扎实有效地进行。

（1）探究校本研修活动模式。

2008年3月份启动的《基于交互白板的校本研修 促教师专业化成长探究》等课题，均以研修活动的形式开展研究，主阵地是课堂。

课题组成立后，积极组织组员培训，同时与其他兄弟学校的同课题小组的成员共同研究，并且积极为组员"搭台"，请"组员"唱戏。在一次次的锻炼中，组员们加深了对于白板，这一现代教育工具的了解和认识，同时单位的其他老师对于这一新生事物也有了初步认识。可以说白板课题小组的工作在这一年中有条不紊地展开了。在融入教学策略研究的同时对于如何充分利用交互式白板的互动功能，在新技术环境中真正发挥教师的主导作用、充分体现学生的主体作用，进行了深入的研究。4月份，大兴三小课题组的教师参加了第二届全国中小学新媒体新技术教学应用研讨会暨基于交互式电子白板学科教学观摩活动课堂教学课例征集评比活动。经过专家认真评审，我校参赛教师均取得了优异成绩，荣获一等奖一名、二等奖4名、三等奖3名，许俊岭老师被获准参加在南京举行的全国白板学科教学现场观摩活动。为了进一步提高学校教师的专业能力、课堂教学技能和教学质量，强化我们教师的信息技术素养，加强交互式白板教学实践研究，促进教育创新和教学水平的提高，我们本着"在活动中提高，在研究中发展"的工作思路，推动研究工作不断朝着我们预期的目标前进。同时就是在这一年白板课题组的两位老师，经过精心的筹划，反复的推敲，最终在大兴区白板课题组中脱颖而出，代表大兴区参加湖北武汉参加全国的白板课赛，取得了全国课赛一等奖二等奖各一名的好成绩，为大兴区争了光，更为三小争得了荣誉。此后，大兴三小的白板课题小组已经涉及各个学科，课题小组的人数也已经扩大到20余人。他们正在成为三小现代新技术应用的主力军，同时在学校的睿智决定下，不知不觉间又完成了三小现代教育信息技术的第三次飞跃。

白板项目课题组经过了一段时间的研究与实践，课题组全体教师得到很好的锻炼与提高，涌现出了一节节特色鲜明、质量较高的优质课，体现了"不求完美，但求突破"、"重结果，更重过程"、"步步是研究，段段有成果"的特点，取得了较为突出的科研成绩。现在的三小，班班有多媒体，老师们的计算机完成了最新一次的更新换代，现代教育信息技术正在为现在三小的蓬勃发展保驾护航。

（2）以教科研为平台，让教师成为研究者。

加强教师之间同伴互助、合作研究、共同提高，必须开展需要合作的活动，激发教师参与合作的意愿。课题研究式教学研讨活动，能够不断提高教师的科研能力。能够有效地促使教师把教育科研与具体的教育教学工作有机结合起来，帮助教师掌握教育科研的基本方法，提高教师观察、分析、归纳、表达问题的科研能力。

《小学语文教学中 工具性与人文性相统一的实践研究》为主题，各年段都确定了相应的子课题及实施方案。课题的研究贯穿于平常的教育教学中，大家能围绕课题搜集资料，结合教学工作展开研究，做到定期交流、专人主讲、阶段小结。每个老师都有强烈的教科研意识，能认真写好教后感、反思、案例、论文，并积极向上级投稿。课题组老师在3月份上了一节展示课，部分老师5月份上了一节优质课。老师们在课堂教学研讨月活动中奉献智慧，主动学习，提高，并不断改进自己的课堂教学，形成了浓厚的教研氛围，并认真写出总结和反思，促进自己技能的提高。

以"问题"引路，创教研特色。扎实开展富有特色的校本教研，是促进教师专业成长，提高教师教学水平和科研能力的有效途径，也是我们组教学特色的充分体现。本学期三年级语文教研组开展了形式实、内容实的教研活动，针对年段特点，我们开展了如何减少学生错别字、如何指导学生积累和习作、六年级的毕业复习的研讨等方面的教研活动，通过问题引路，老师找到了"注重利用课堂练习题搞高写字正确率、采用社会实践法给人纠正错别字、自己积累一本错别字集"等方法减少学生错别字方法；"根据平时课文内容特点，指导学生分类积累，并用积累的词语写长话，用积累的句子写一段话，采用灵活多样的活动激发学生多积累及模仿平时阅读的文章，加上自己的亲身体验，构思习作"等指导学生积累和习作的有效途径。在平时教学工作中加以实践、反思、总结。真正做到了教研常态化，实效化，形成了有特色的教研活动。

《在小学数学教学中转变学生的学习方式提高课堂教学实效性的研究》课题组在课题实践中，十分重视课题研究的反思，讲究教学实践，通过课题研究反思使研究群体的力量和智慧进一步整合，在碰撞中形成共同的理念和追求。他们按照各学段所研究的内容集体备课。备课之前，教师首先明确研究主题，作为选择教授内容的依据；然后，集体研读教材、把握文章重点，在组内形成共识；最后，把大家的共识——落实到教学过程中的各个环节上。就这样，集体智慧的结晶———节研究课的雏形就打造出来了。在集体备课的基础上，推出一名教师上课。主讲研究课的老师在向课题组展示之前，要先在本年级同轨班进行走班上课（或叫"试讲"），以检验教学设计是否合适，发现问题进行及时修正。接下来认真组织观摩研究课，搞好阶段性总结，使课题研究的指向行动方法及成效更加明晰，特别注重教师在行动研究中发挥自我反思、同伴互助、专业引领的整体效应。要求教师在教学反思中认真写教后记、教学故事、教学随笔、整理课堂实录，调整自己的教育教学行为，使反思真正成为课题研究获取成功的标志和个人不断进步的阶梯。

（3）搭建平台，创设研究氛围。

为更大面积地提高教师的课堂教学水平，为教师搭建展示自我、提高自我的平台，学校每周安排全校性的研究公开课，开展丰富多彩的课堂观摩、研究活动。在实施过程中，学校首先举行全校性的"新课改理念下的课堂教学"——教师说课评比活动，每位教师作为评委，分析其他教师说课过程中的特色、亮点和不足，写出专门的评课稿，并将评课与个人的教学反思相结合，进行反思提高。其次，强化常态教学的"课堂教学研究"活动。做到有听必评，课后同学科教师进行评课，发现亮点特色，改进不足。从课堂的方方面面入手，真正把听课当成提高教师课堂教学水平的有效途径。第三是高度重视教学活动的反思，建立教师校本研修档案，教师每月四至五篇教学札记，以教学案例、教学反思和教学后记为主要形式，及时反思当月的教学工作，努力促进个人专业化成长。第四是教研组、课题组采取走班上课，学科组集中研讨点评的形式，把课堂教学研究活动推向高潮。

六、以赛促研，打造高效课堂

首先，为了全面贯彻党的教育方针，积极推进新课程改革，提高教师的课堂教学设计能力和课堂教学能力，深入开展素质教育和创新教育，调动教师教学工作的积极性、主动性和创造性，促进教师工作的创新，培养学生的创新精神和实践能力，营造良好的教学氛围，全面打造高效课堂。2007年年初，我们以大兴区小学"新星杯"青年教师教学基本功比赛为契机，结合我校实际情况，全面开展"新星杯"、"风华杯"、"智慧杯"、"秋韵杯"教学基本功竞赛活动。坚持以教师基本功赛为切入点，以赛代训、以赛促研，以赛促教师专业发展，以赛促进教研水平的提高，更好的服务教学服务学生，加强教师的教育科研水平和研究能力，全面提高教学质量。

为配合区里组织的"星星杯"青年教师教学基本功大赛活动，我校组织了有全体教师参加得教师基本功大赛活动。我们认真学习大兴区教师基本功竞赛的精神，成立了以校长为组长的学校领导小组，吸收学科带头人、骨干教师、教研组长为竞赛评委会成员，大家在学习区基本功竞赛方案的基础功上，结合我校的教学工作计划，制定出我校的竞赛方案，并参与竞赛的全过程。2007年3月14号我校拉开了教师基本功竞赛活动的帷幕，在启动大会上校长对全体教师进行了赛前动员，在这个活动过程中，全体教师通过教研组的平台，进行了互动研讨，大家都得到了锻炼、获得了不少的收获。

首先以"新星杯"基本功竞赛为契机，组织全体教师学习《大兴区"新星杯"教学基本功竞赛实施方案》和《大兴区第三小学教师教学基本功比赛实施方案》，在此基础上各教研组组织本组人员学习本学科课程标准，依据区教研室下发的教师基本技能要求对本组教师的基本技能进行培训。在全员培训（集中培训与分散培训相结合）、教研组不断学习研讨的基础上，参与学科知识基本功及专业技能比赛。要求教师做到：系统掌握新一轮课改理念和任教学科的课程标准，全面掌握任教学科知识和本学科专业技能。多次召开教研组长会、学科带头人、骨干教师会议，与会教师在学习相关理论知识的基础上拟一份理论考试试卷作为学习进行理论考试题库的一部分，由教导处统一命题，各教研组充分利用教研活动时间组织教师进一步学习本方案和《青年教师教师基本功竞赛学科知识基本功及专业技能考察范围与要求》，以及各学科的课程标准或课程指导纲要等，以组为单位对以上的有关文件认真学习，牢记常用的，指导我们教育教学行为的重要篇目、论述、观点。考查的形式有填空、判断、选择、简答等，作出相关的记录。4月3日至5日我们组织了各年龄段教师全员参加的学习新课标理论笔试和基本技能的考试，教师们在认真学习的基础上认真答卷，均取得了较好的成绩。教师通过参加试卷考试和专业技能考试，对"课标"有了更新的认识，理论水平有了一定的提高，从而有效地引导了教师的教学行为。

其次，组织全体教师在各教研组研究专题的基础上，组织教师观看教学录像，并进行专题研讨，依据课程标准、学科内容以及学生年龄特点。4月11号我校继教师基本功大赛理论考试、基本技能赛的基础上，又组织了学科教师全员参加的教学设计现场大赛。在活动前提出具体明确的要求，使教师通过这样的活动强化个人的基本功，不断提高教师的自身素质，要求教师要能够做出体现新教育理念、符合学科特点、确实有可操作性的教学设计。教师按指定课题，在规定时间内（90分钟）进行教学设计，设计包括：课题、教材分析、教学目标（知识技能、过程和方法、情感态度价值观等）教学难点、教学重点、教学手段、教学方法、教学过程（含师生互动、任务设计、指导策略、教学评价等）、板书设计等内容。竞赛活动在紧张地进行着，教师们按不同年级、不同学科规定的相关内容认真设计。年轻教师凭着他们敏捷的思维很快进入了状态，中老年教师更不示弱，他们凭着自己丰富的教学经验与扎实的基本功胸有成竹地伏案静书。多功能教室鸦雀无声，一份份清楚整洁的教学设计很快交了上来。通过培训和教研，教师的教学设计水平有了进一步的提高。教师的教学设计充分体现了教学新的理念，注重了以学生的发展为本，尤其是加强了对三位目标的理解和把握。

再次，依据总体计划，我们按大的学科组（语文、数学、英语等）进行集中培训，集中学习《大兴区小学学科课堂教学评价方案》，按学校规定时间参加课堂教学竞赛活动。要求教师普通话要达标，教学语言要求准确、形象、生动，富于启发性，层次清楚，有节奏感；板书规范，设计要合理、有艺术性，能熟练运用传统教具、挂图、现代媒体设备及实验器材进行教学；有一定的信息技术与学科教学整合能力；突出学科特色，并具有一定的教学特色。

4月18日，全面展开"四杯"课堂教学基本功比赛。授课过程中，教师的教学能力、教学水平都得到了展示。教师们在同教研组教研的基础上，在老教师言传身教的过程中，认真备课，精心准备，一次次试讲，一次次提高，在本次听课过程中我们看到了青年教师的成长和进步，中青年教师的历练、成熟与经验。从总的听课情况看，我们看到了每位老师为这一节课付出了一定的努力，并把这种理念、思想意识运用到教学的每一节课之中，不断提高我们的教学质量。大赛过程中，学校成立了评委小组，每节课都要去听，课后进行评课汇总，并及时给予回馈，进行指导和修改。活动中，参赛的教师在学习新的课改理念的前提下，认真学习、探讨相关理论，积极进行基本功训练，各个教研组的教师、青年教师的师傅们，他们为此次活动献计献策、听课、评课、修改教案，设计每一个细小的环节，注重体现新的课改理念，通过大赛，教师授课水平都有了一定程度的提高，主要突出三个特点：一是教育观念新，注意了以学生发展为主体，为学生创设了参与展示的机会，注意了学生对课外知识的拓展和对学生资源的开发，上课形式多样，注意了对学生思维的开发。二是整体课堂设计好，注意了对学生学习情境的创设，起始自然流畅，上课内容与学生实际生活实际结合紧密，媒体运用好，环节过渡自然。三是青年教师进步快，教师的个人素质提高很快，基本能做到张弛有度，师生关系融洽，富有一定的感染力。台上教师40分钟的课堂教学，融入了台下诸多教师的经验与智慧。通过组织活动充分发挥教研组的作用，从而实现同伴互助共同提高的目的。

七、扎实深入地开展德育工作，提高德育时效性

（一）积极落实课程德育、实施有效德育

我校继续坚持"认真务实、创新进取、讲求实效"的德育工作思路，拓宽德育工作渠道，提高德育工作的针对性、实效性和主动性，取得了良好的效果。

组织全体教师认真学习新课程要求、学习北京市的德育大会相关文件精神，从思想上理念上认识课程德育的重要性。通过观看闵乐夫教授专题讲座录像，明确不同学科课堂教学中如何贯彻德育知识，让学生在课堂主阵地学到知识受到教育。教导处、德育处互相配合，对全体任课教师提出具体要求，在教师学科计划制定中、备课中、教案书写中科学体现德育点，使育人与教书有机结合。"学科德育"课赛活动，进一步深化课堂教学改革，提高学科德育的实效性。推出优秀课集体观摩研讨，针对不同学科特点，逐步改进。

（二）推进家长教师协会工作

全校全面建立班级家长教师协会，学校建立校级家长教师协会组织，并正式挂牌。北京市教科院德育研究中心赵澜波老师以及教委小教科、德育研究室领导参加了成立挂牌仪式。充分发挥学校信息技术的特色，建立大兴三小家校互动软件平台、班级博客等，有些班级专门在家长教师协会理事中设有博客管理员，它成为一个很好的家长教师协会的工作平台，更加强教师与家长、学校与家庭的联系。组织"家长论坛"、"亲子游园"、"共参与同欢乐"游艺活动，校级春运会设立各种趣味比赛、评选十佳好家长等活动同样增强了学校与家长之间的沟通。

（三）发挥少先队组织作用，开展主题教育活动

"我心中的奥运"主题教育实践活动，"畅想2008"征文24人次获奖；组织

以奥运、感恩为主题的班会展评，"期待2008"荣获区优秀主题班会第一名。"文明礼仪伴我行"教育活动，学校被授予北京市文明礼仪示范校的称号。"关注残疾、爱心捐助、构建和谐"主题活动，全校师生把饮料瓶捐给黄村西里社区残疾人谢阿姨周师傅一家，帮助他们更好地生活。

5.12赈灾捐赠献爱心系列活动，全校师生心系灾区，在儿童节那天捐善款10000余元，文具2000多件，孩子们写慰问信100多封。同时，我们还通过红领巾广播、校刊等多种形式对学生进行教育。

学校鼓号队参加市区及大型庆典等纪念活动，少先队被评为市级星星火炬优秀大队。少年军校活动丰富多彩，军训与唱军歌比赛相结合，军训成果展示得到区领导高度评价。2008年3月开始，学校少先大队开展"微笑承诺，雏鹰争戴五彩环"活动，很多同学以佩戴五彩环为荣，大大提高了学生的文明程度以及参与奥运的热情。

（四）发挥校园文化建设的育人功能

1. 合理布局，营造育人环境。

随着新教学楼的投入使用，深化校园文化建设，发挥学校自身资源的育人功能。荣誉墙、校训充分彰显学校办学目标和特色。各层门厅不同主题的文化布置，生动描绘了人与自然、学习与做人、现实与理想的境界，使师生从中感受到浓浓的育人氛围，并被感染、被陶醉。教学楼楼道内文明礼仪长廊、三小名人录、科技艺术百花园，无不在诉说着三小光辉的历史、现在和美好的未来。

班级文化展评活动，各班制作了展板，体现班级文化建设的特点。校园内操场上，简洁明快的体育简笔画、健身健体健心的标语、八荣八耻的宣传画，快乐十分钟的儿童画，不仅使校园更亮丽，而且引导师生们健康学习快乐生活。

构建数字校园，发挥学校信息技术特色建成三小德育网，开辟新的德育途径，丰富德育内容。

2. 多彩的活动，打造精神文化。

开展"抓好学生一日常规，培养学生一生习惯"教育活动，结合学雷锋文明礼貌月，进行校园礼仪知识讲座。推出大兴三小《校园礼仪三字歌》，并开展文明礼仪星级班集体评比和校级文明之星的评选，从而提高学生文明素质，创建学校良好校风。

规范学校学生社团活动。目前，学校有校级学生社团10余个，鼓号队、60多人的军乐团、舞蹈队、合唱队、英语小组、机器人小组以及科技类小组（手工、

虚拟创造、航模等）。我们提出的口号是"文明参与，快乐学习"。学生社团的活动丰富了学生生活，为学生全面发展学有所长提供了舞台，成为学校的品牌。实现使学生学有所长、全面发展的目标。

（五）心理健康教育工作

学校有心理咨询室，有具备"心理咨询师"资格的心理教师，设立知心信箱、校长信箱，并随着新教学楼的使用，这学期正在筹划建立规范现代的心理咨询室，更好地推进心育工作。

八、腾飞中的大兴三小

学校已经提前完成了校长三年任期目标和学校办学规划中提出的名师工程目标，一大批教师脱颖而出，有中学高级教师2名，小学高级教师60名，市级紫金杯班主任7名，市级骨干教师4名，区级学科带头人4名、骨干教师10名，区级师德标兵2名、区级骨干班主任5名、区级骨干辅导员1名。

（一）校园文化初见成效

1. 合理布局，营造育人环境。

（1）随着新教学楼的投入使用，在新学期对校园物质文化重新进行了整体布局。在布置校园文化时，我们以"校园文化要体现学校特色、要体现少年儿童天真活泼的特点、要体现文化与人的特点"为宗旨，对教学楼、门厅、楼道、操场等进行了文化打造。

（2）整体教学楼体现明快亮丽的特点，以红色、白色为主色调，大门以及主体楼明显位置悬挂学校校徽、校名，门厅外荣誉墙以及镶嵌学校校训"品学兼优学做真人"的镏金大字，充分彰显学校办学目标和特色。

（3）进入教学楼，东西六个门厅，分别以"童趣"、"和谐'"、"读书"、"时间""梦想""腾飞"为主题，生动描绘了人与自然、学习与做人、现实与理想的境界，使师生从中感受到浓浓的育人氛围，并被感染、被陶醉。

（4）进入教学楼楼道内，一楼的文明礼仪长廊、二楼的三小名人录、三楼的科技艺术百花园，无不在诉说着三小光辉的历史、三小可喜的今天和三小美好的未来。

（5）班级文化建设各具特色。本学期我们开展了班级文化展评活动，各班从班歌、班训、班级奋斗目标班级特色等方面制作了展板，体现班级文化建设的特点。

（6）校园内操场上，简洁明快的体育简笔画、健身健体健心的标语、八荣八耻的宣传画，快乐十分钟的儿童画，不仅使校园更亮丽，而且引导师生们健康学习快乐生活。

（7）努力构建数字校园。我校拥有完善的计算机网络系统及技术过硬的计算机管理人员，在开展教学、科研和管理过程中，运用信息数字化，改变教师的授课方式与学生的学习方式，提高学校管理的水平。学校网站、德育网以及彰显学校信息技术特色的触摸式电脑、电子显示屏等，体现时代特色，为学校、教师、学生、家长、社会搭建一个交流平台。

2. 多彩的活动，让学校内涵厚重。

（1）新学期，对新入学的新生和家长介绍学校的校风、校训、校徽、校歌，让他们了解三小的特点，为成为三小人感到骄傲。

（2）每周一升旗仪式上，唱校歌、读校风校训。分年级开展唱校歌比赛。

（3）规范学校学生社团活动。目前，学校有校级学生社团10余个，100余人的鼓号队、60多人的军乐团、30多人的舞蹈队、70多人的合唱队、40多人的英语小组、20多人的机器人小组以及100多人的科技类小组（手工、虚拟创造、航模等）。我们提出的口号是"文明参与快乐学习"，学生社团的活动丰富了学生生活，为学生全面发展学有所长提供了舞台，成为学校的品牌。学校管乐团荣获十一届艺术节北京市二等奖，合唱队荣获区级一等奖。科技兴趣小组在2008年荣获全国未来工程师机器人比赛冠军，北京市第二届虚拟创造邀请赛第一名。还有我们的田径队，今年在大兴区中小学生运动会上，我们荣获区直属组第二名的好成绩。另外，学校的英语、奥数、美术等小组的活动也扎扎实实开展，实现使学生学有所长、全面发展的目标。

（二）获得荣誉

学校教职工励精图治、团结协作，锐意进取，狠抓一个根本——教育、管理"以人为本"；二项建设——领导班子建设、师资队伍建设；三个提高——提高运用现代教育技术的水平、提高校园文化育人作用、提高学校教育的质量。学校面貌有了新的变化，教育教学取得了新的业绩。作为"信息技术与学科整合"大兴区小学示范校，"以现代信息技术实施素质教育"的办学特色有了新的发展。2006年国家级"十五"规划重点课题研究荣获"优秀项目学校"、中国少年儿童平安行动示范学校、2008未来工程师机器人项目全国冠军、北京市爱国卫生运动先进集体、首都先进少年军校、大兴区师德先进集体、2006至2008连续三年荣获大兴区教育教学一等奖。荣获北京市文明礼仪示范校、北京市中小学信息化工作先进学校，北京市基础教育课程教材改革实验先进单位、北京市星星火炬奖、北京市十届艺术节舞蹈二等奖、校园剧三等奖，十一届艺术节行进管乐二等奖等28个市级荣誉。荣获大兴区科技教育示范校、科技教育机器人项目特色校、先进党支部、五四红旗团支部等区级荣誉等50多项。《基础教育参考》《现代教育报》《北京教育》《解放军日报》、中央电视台、大兴电视台等多种媒体报道过三小的教育教学情况。学校鼓号队参与中央电视台2007"感动中国"的录制、并参加北京2008奥运火炬大兴站的传递等，使三小赢得了良好的社会声誉。

第五章 着眼未来强特色（2009——2012）

我的工作宗旨：实干与创新。学校的前进和发展离不开创新，为突破自己、超越自己，引领学校再上新台阶，在新的任期，我结合"十二五"中长期发展规划，带领班子成员又提出了新的发展愿景："办开放型学校，做学者型校长，当研究型教师，育有能力学生"，旨在着眼师生学校的未来，夯实根基，强特色。

一、"十二五"期间学校总体状况

（一）基本情况

2009年至2012年，学校有学生千余人，27个教学班，教职工88人，其中40岁以下青年教师43名，占教职工总数的53%。中学高级教师2名，小学高级教师60名，占总数的74%。大本以上学历45名占总数的56%，大专学历27人，占总人数的33%。北京市骨干教师3名，区级学科带头人4名，区级骨干教师9名、骨干班主任6名。校级干部5名，主任级5名。

学校占地面积11013m²，原校舍建筑面积4296m²，学校新教学楼3200m²。新教学楼的建设，不仅增加了专用教室、心理咨询室、教职工之家，规范了图书室、科技活动室等，更重要的是为师生发展提供了更广阔的空间，为学校科学规范管理提供了有力地保证，构建了更加美丽和谐的校园。

同时，依托新教学楼和艺术楼的相继投入使用，外在校园文化体现"积极向上、活泼现代"的主色调，分别以"童趣"、"榜样"、"理想"为主题在教学楼内建立了文明礼仪长廊、三小名人录、科技艺术长廊，让每一面墙壁都发挥着育人功能。另外，在每个教室的墙外，都建有具有班级特色的橱窗，以学生为主体，建立班规、班训，设计班徽、班歌，体现班级文化的育人功能。在精神文化层面，学校和谐的育人氛围，良好融洽的师生关系，积极向上的学风，严谨踏实的教风，是学校核心价值观的最好体现。

（二）现状分析

从学科素养上分析：学校现有教职工82人，专任教师69人，其中市级学科骨干教师3人，区级学科带头人5人，区级骨干教师9人，区级骨干班主任5人，区级少先队骨干辅导员1人。其中语文学科有4人，数学学科有6人，音乐学科有2人，品社、品生共3人，英语1人，信息技术1人。我们在人员上合理调配，对学科带头人和骨干教师委以重任，加强各个教研组的教研力度，让学科带头人和骨干教师成为学校教研的中坚力量，充分发挥其作用。从学科带头人骨干教师的学科配备看，语文、数学、音乐、品生、品社力量相对较强，除英语、信息，其他学科还有待加强，尤其是体育学科，5位体育教师，除一名50岁以上外，其他一人在40岁以下，另3人均在30岁以下，非常具有培养潜力。

从专任教师年龄上分析：我校35岁以下教师28人，占专任教师的40.1%，50岁以上教师17人，占专任教师的24.6%，语文、数学教师年龄老化比较严重，有3名53岁教师仍担任两个班的数学学科的教学工作，工作任务繁重，工作压力也较大。另有5名50岁以上的教师担任班主任工作，同时还担任本班的语文教学工作。与之不同的：英语5位教师均在40岁以下，教龄均在10年以上，年富力强，有朝气，工作热情高，特别需要专业人员的指导，以便使教师教学水平的进一步提高。科学学科的3位教师，均在40岁左右，学校在教学设备上设有两个专用教室，且试验设备、物品也是3位教师共同整理和登录的，对装备情况非常熟悉，任教此课程的时间也比较长，且有责任心，因此，此学科的实验教学规范到位，做得比较好。品社品生教师均为学科带头人和骨干教师，教学力量比较强。其他学科年龄配备上也比较合理，为教学任务的顺利完成奠定了基础。

从专任教师学历上分析：

学科 人数 科历	合计	品社品生	语文	数学	英语	体育	科学	音乐	美术	综合实践	劳动	信息	其他
合计	69	3	25	15	5	5	3	3	3	1	1	3	2
本科毕业	39	3	14	7	3	3	2	2	3				2
专科毕业	26		10	6	2	2	1	1		1		3	
中师高中	4		1	2							1		
高中以下													

可见，全体专任教师除4名50岁以上教师，均大专以上学历，我们在岗位安排上，也力争符合教师的专业，这又成为我们教学的一个优势。

4. 从专任教师职称上分析，专任教师中，具有小学高级职称的47人。小学一级的22人，学校没有任教5年以下的新教师。似乎新任教师培养任务比较轻，但也存在着一个现实的问题，学校近两年新调入教师比较多，情况也比较复杂，一是3位教师由建委小学调入，他们多年离开教育教学工作，虽然工作比较认真踏实，但对新的教育理念没有概念，在教育教学的过程中很难贯彻新的理念，近两年教导处通过跟踪、指导、调整，有所好转，还有待进一步加强。二是今年教师退休的比较多，且新增班级5个，因此新调入教师人数比较多，对新集体，教师还要有一个熟悉和认同的过程，我们通过多种多样的教学活动使新的教师尽快融入学校集体当中，让他们确定自己的位置，适应新环境，找到新的增长点，成为与集体荣辱与共的一员。

二、立足课堂，多项举措，全面提高课堂教学质量

课堂教学质量是学校教学工作的生命线，我校依据区工作重点，本着求真、务实的工作作风，以《国家基础教育课程改革指导纲要》为依据，以科研为先导，以校本研究为依托，紧紧围绕"如何以课堂为主渠道，更新教学理念，促进学生学习方式变革"这一研究主题，在教学探讨研究中，在课堂教学实践中，不断更新教育观念，形成新的教育理念；不断改变传统教学方式，形成师生交往互动，学生乐学、会学的新的学习方式。通过此次质量工程实施，对实现我校教师教学素质、学生创新意识和实践能力的提高、全面提高课堂教学质量，起到极大的促进作用。

（一）构建高素质教师队伍，促进教学水平提高

1. 营造学习氛围，提高教师专业素养。

学习是教师发展之根本，我们倡导"让读书成为习惯"、"学习是教师一生的精神财富"的理念，让教师成为专业化学习者。学校一直致力于学习型学校建设的探索，激发教师个人的学习力，形成团队学习力。我们引领教师从《基础教育课程改革》读起，每位教师每学期都在自荐和指定的双向结合中扎扎实实地读一本教改理论专著，与教科研同生，与新课程共进。我们结合学校工作计划，各个教研组通过小组内的学习，为学校全体教师推荐学习材料，教师在充分学习的基础上，每学期写出不少于5000字的学习体会和笔记。同时向全体教师推荐《教

师的幸福人生与专业成长》和《责任重于能力》等学习用书，其中优秀篇目通过教师学习时间集体进行学习，我们将集中与分散学习、自由与组织学习相结合，教师学习成为了习惯。通过营造学习型团队的氛围，吸引教师们主动学习，使大家转变了教育观念，深刻领悟到课堂教学是师生交往互动、共同发展的过程。

2. 发挥名师引领作用，"同伴"共同进步。

为了更好地利用我校的市、区、校级学科带头人、骨干教师的优势资源，发挥教师间同伴互助的辐射效应。结合我校的日常教研活动和课题的研究活动，整合学校教研工作，开展同伴研修主题活动。通过以课例为载体的系列教学研讨活动，向更多一线教师展示骨干教师的风采。以他们的示范引领作用来带动青年教师更快成长，使青年教师尽快成为骨干教师，学校开展了"骨干教师培养工程"。同时努力营造共同交流研究、相互借鉴学习、共同反思成长的良好研究氛围，提高教师群体的研修水平。同时加强对校内师徒结对教师和参加名师工程教师的管理，加强梯队建设，对已取得各项称号的教师实行考核奖励制度，促其发挥作用，提高层次。开展学科带头人、骨干教师、骨干班主任与中青年教师结对子，实现了我校骨干教师梯队。坚持名师讲学团制度，促进了教师专业化水平的提高。围绕名师引领活动主题，在教师讲堂主题研究活动的基础上，上半年讲坛分别以教师成长与发展、学生学习能力和良好习惯的养成、提高课堂教学实效性、校本研修落到实处为主题，有计划地组织了由校领导及外请专家引领，优选教师进行了专题讲坛活动。下半年，教师讲堂以教学示范活动为主旨，将校本研修活动深入开展，更为了加速中青年教师的快速成长，探索教师队伍建设的有效途径。聚焦课堂、聚焦质量，开展"课堂一刻、教育瞬间"说课活动。

在学校优秀教师的专业引领下，实行帮扶教师与骨干教师培养对象单兵教练，促进年轻教师快速提高与成长，形成学校充实培养骨干教师的良好运行机制，有力促进了学校教师的专业成长，促进了学校的可持续发展。具体做法是：采用"诊断课—示范课—跟踪课—汇报课"的四步循环进行骨干教师培养。

3. 夯实教学基本功底，为提高教学质量奠基。

2010 年开始，学校结合小教科小学任课教师基本功达标工程和学校工作实际，组织全员进一步认真学习《大兴区小学教师基本功达标细则》，分学科对教师教学基本功进行摸底和培训，开展全员参与的基本功考核、达标工作的指导和培训，同时按照细则和说明的要求，学校进行教学设计、说课评比活动，此次活动共有65名学科教师参加，其中6名教师获一等奖，10名教师获二等奖。同时开展课堂教学评优活动及教师达标工作，促进教师专业技能提高。为确保培训和达标活动有序、高效进行，学校成立以校长为组长的大兴区第三小学教师基本功达标领导小组，由教导处具体负责此项工作。

基本功的夯实，不仅在达标，还在于学习名师、拓展视野、增长经验。我们相继针对不同学科不同内容，邀请北京市学科骨干教师、北京府学小学主任李拥军老师，为大兴三小师生做作文指导讲座。李主任结合历年来小学春蕾杯作文题目的内容，从主题、审题、选材、立意四大方面逐一进行了细致的分析论述，提出诸多新思路、新方法，展示出新的作文教学理念。使教师们对作文教学有了新的认识、新的思路、新的方法和新的理念；与此同时，还邀请区内多位名师不仅上课，还进行课堂指导。

另外我们合理安排教师参加各种形式的培训，关注教师成长，完善每位教师电子成长档案，规范管理，制定教师生涯规划，并结合教学基本功达标工程，进行全员培训，同时关注中、老年教师的专业成长，为每位教师的成长搭建了平台。

（二）依托校本教研活动，打造专业化教师团队

提高教学质量。学校大面积的课堂教学质量的优化、提高，最重要的标志是使每个教师的课堂教学，与自身相比，与优秀课的标准相比，不断地有所进步，有所提高。因此，要做到这一点，不仅应转变教师教学观念，还必须提高教师课堂教学技能，以此作为重要的保障条件，认真落实和做好。教师的教学技能，一方面是通过教师参与教学实践，通过教学经验积累转化而来的，另一方面则是通过有目的研究和培训才能获得的。对于我校教师来说，要使他们不断突破"自我"，不断提高。我们结合校本教研和校本培训，提高教师专业化素养，从而促进教学质量的提升。

1. 在集体教研中，提高课堂教学水平。

为了保证校本研究有序地开展，我们加强学科组、集备组的建设，坚持"每周一研制"和"每日一备制"，完善相关的管理制度，坚持选用优秀教师承担教研组、集备组组长之职。各教研组、集备组制定了翔实的活动计划，每一项计划都做到人员、内容、组织保障、检查督促四落实，所有的管理者都深入教研组、集备组参与活动。各研究组根据各门课程的性质、任务、特点及要求开展学习方式的研究。由此，促使教学研究活动由被动变为主动，由自发走向自觉，由无序走向有序。在进行教学设计时，教师们深刻理解教材内容，认真思考如何将每一

个知识点的落实与学生学习方式更好呈现有机结合；如何采用先进教学手段（比如多媒体创设恰如其分情景），引发学生求知欲；如何让全体学生参与到整个教学过程中，真正让学生在民主和谐的学习氛围中充分自主探究，广泛交流合作，从而激发学生创新思维与求知欲望。在实施过程中，学校首先举行全校性的"新课改理念下的课堂教学"——教师说课评比活动，每位教师作为评委，分析其他教师说课过程中的特色、亮点和不足，写出专门的评课稿，并将评课与个人的教学反思相结合，进行反思提高。其次，强化常态教学的"课堂教学研究"活动。做到有听必评，课后同学科教师进行评课，发现亮点特色，改进不足。从课堂的方方面面入手，真正把听课当成提高教师课堂教学水平的有效途径。第三，高度重视教学活动的反思，建立教师校本研修档案，教师每月四至五篇教学记录，以教学案例、教学反思和教学后记为主要形式，及时反思当月的教学工作，努力促进个人专业化成长。第四，教研组、课题组采取走班上课，学科组集中研讨点评的形式，把课堂教学研究活动推向高潮。

2. 在多层面交流中，闪现智慧火花。

在校本研究中，我们注重教师的自觉参与，以此提高教研的实效性。校本教研为我们开创了新的教研培训方式——教师讲堂，这种形式的交流受到了大家的欢迎。我们每学期都要有这样的活动，如：《学生学习习惯的培养》教师讲堂，参加主讲的教师为年级组推荐的优秀班主任，他们从探究学生学习习惯的培养入手，通过集体研究，让学生在良好的习惯中，体验学习的乐趣；并不断拓宽学习领域，开展丰富多彩的综合实践活动，为学生提供广阔的学习空间；教师讲堂立足过程，教师在本组教研的基础上畅谈自己在课改实践中的体会与收获，台上台下互动，气氛热烈，大家在交流中得到提高。以"课堂一刻、教育瞬间"主题的讲堂大家通过自己的学习与实践，探讨了如何更有目的的捕捉教育教学的最佳时机，通过研讨，大家受益匪浅。大家讲自己教学实践中一个个鲜活的事例，以讲故事的形式展示给大家，同时将自己的成功体验或失败的教训、教学中的困惑等等也一起展示给大家，通过大家沟通，研讨，解决问题，提高认识，共同商讨优化课堂教学的策略，活动有实效。以上这些研究活动，同时也作为校本培训的一种资源，改变了过去传统的培训方式，将教研与培训有机的结合，运用情感体验、互动式研讨、反思总结等多种研究方式，吸引每位教师参与到培训活动中来，从而不断提高自身的教育教学水平。

3. 在互学互动中，团队共同成长。

为了营造一支教学技能过硬的教师队伍，我们挖掘优秀教师的潜力，采取以点带面的措施，抓实骨干教师的培养，发挥骨干教师的引领作用。组织他们参加相关的理论学习，热情鼓励他们参加在职进修，每学期都会安排学科带头人的教学引路课，帮助他们客观认识自己，追求不断的提高，鼓励他们深入研究先进的教学艺术，帮助他们总结和提升自身的教学经验，形成个人的教学特色和风格。同时，通过其以身示范、典型引路，引导教师先模仿，后创新，鼓励教师人人成为大兴三小的"唯一"，积极进行优化课堂教学策略的研究。因此发挥骨干的辐射作用，能够带动其他教师积极努力地提高自身的教学技能。每学期内每位教师都要在组内上一节研究课，在学校上一节展示课。本学期共组内研究课30多节，上校级展示课23节，听课近千人次，课后各组进行认真说课与评课，大家通过交流与沟通，不断的反思自己的教学，积累经验，弥补不足，重新完善自己的教学行为并付诸于实施。在每位教师上好课的基础上，每个教研组还要推荐教师代表本组参加校内研究课交流。各组所推荐校内研究课都是在大家共同研究探讨的基础上，反复试讲，不断更新，努力使课堂教学更加完善，更加突出体现学习方式改变，优化课堂教学结构的示范课。针对上课教师的理论设计和实际上课过程中学生反应进行比较，发现其闪光之处，作为今后教学的范例；找出其中不足，引以为戒。教师参与面广、所讨论问题比较广泛、深入，从而提高教师的整体教学素质。因此更多的教师改变了原来课堂教学中的不足，把"思"转为"行"，努力将新的教学方式在课堂教学中进行教学尝试，再创充满活力的课堂教学环境。我们不仅在校内开展教研活动，还组织教师参加教学协作片的研讨活动及区内的各学科的研讨活动。我们认为，只有在不断引进、相互启迪、相互借鉴、相互交流中来汲取营养，反思不足，才能真正提高教师业务素质，树立新的教育观念。

　　4.在自我反思中，提高施教能力。

　　我们要求教师反思应贯穿于教学的整个过程之中，就课堂教学而言，既有教学设计过程中的"行动前反思"，又有教学过程中的"行动中反思"，还要有教学后的"行动后反思"。反思的主要内容为：教学设计是否切合实际，行之有效；教学行为是否符合新的教学理念；教学方法是否解决现实问题；教学效果是否达到预期目标等。反思的目的在于不断更新教学观念，改善教学行为，提升教学水平，同时养成教师对自己教学现象、教学问题的独立思考和创新性见解，真正成为教学和教研的主人。反思的形式是写教学反思。为了督促教学反思的写作，我们把教学反思的检查作为常规教学检查的重要内容之一，对其中优秀者予以表扬，通过各种途径推广示范、在教学反思的基础上，鼓励教师对此进行理论升华，写成教学论文。同时，我们也鼓励教师用记录自己教学中故事和案例分析等形式来反思自己教学行为。在此基础上，本学期我校开展了教学反思评比活动，全体教师集教学实践之精华，展示教学中的精彩瞬间。

（三）加强教学常规管理，确保课堂教学质量

学校进一步强化责任人制度，校长是教学工作的第一责任人，教学主任是组织实施提高课堂教学质量的具体负责人，各任课教师是提高质量的直接实施者。理顺三级管理网络(学校-教导处-年级组)，确保课堂教学质量。

1. 加大平时质量监控的力度，做好平时情况的指导与记载。

以教研组为单位，进行检查和记录，包括教案检查、作业评比、教研活动的开展、学科竞赛活动等，强调特色化教研组，规范教研管理，拓宽教研途径，组织好课例研讨，开展多人磨一课，一课多次磨的磨课活动。年级组内每位教师要努力提高课堂教学效益，加强教学实践的研究，保证每节课的质量，教导处将教师提高课堂教学效益实施情况作为对教师业务能力评价的重要内容，稳步提高平时的教学质量。

2. 进一步强化教师质量效益的意识。

本着从严、从细、抓实、抓小的原则，结合我校实际，学期初制定个人教学工作计划，引领任课教师通过对课堂教学的自我剖析、对学生的课上学习需求的调查，班级学生学情的掌握等，从而了解分析课堂教学现状，找出差距，结合班级学生实际，制定了翔实的措施，保证落实。

3. 优化课堂教学，为全面提高课堂教学效益奠定基础。

（1）强化教学常规管理的各项要求与落实，加大对课堂教学的监控力度，实行推门听课制、跟踪听课制，每学期对每位教师至少有两次行政参加的随堂听课，每位教师听课不少于12节，实行听完就评，评完就改，改完再查，对不合格的课，实行专人帮带，跟踪听课，不断提高每位教师的课堂教学效益。

（2）坚持科研带动教研，促进教与学行为的转变。在课改进程中，科研带动教研，有力地提升了我校广大教师科研意识，提高了他们教学水平和执行新课程能力，也为教与学方式的转变奠定了坚实基础。

（3）加强常规课的督导和检查。学期初教学工作检查，主要内容是教师的教学工作计划是否体现新的教学理念，体现新的课改精神，有较大的创新。学科教师在认真钻研教材的基础上，制定了相应的教学工作计划，包括本学期的教学目标和任务，教学和学生情况分析，以及提高教学质量的措施。期中教学质量检查，主要内容是：从试卷的题量上和难度上来看，试题考察覆盖面大小，试题是否符合出题要求和标准，难度适中，是否能对不同层次的学生进行较好的考查与区分，对重点知识的考察是否比较全面。通过检测所反馈的情况来看，教师对待工作尽职尽责，努力做好自己的本职工作，尽心于教学，学生的成绩也有了长足的进步。学期末的教学质量分析，有计划的查漏补缺，严格按教学进度，做好教学工作。

（4）区教研室对学校教学进行的全面视导工作，共听课21节，A级课4节，B级课17节，教学工作得到了教研员的充分肯定。我校以视导工作为契机，找出差距，完善工作，改进教育教学工作中的不足，通过细化教学管理过程，提高了学校教育教学管理水平。

4. 创建学习型校园。

开展好书传看，好文章传阅、好课共赏、好思想共享系列活动，以教研组为单位，每月上传有价值的文章做资源共享，每位教师坚持写读书笔记。

5. 积极开展校本课程的研发工作（课外阅读、媒体技术及数字图书）。

每位参与校本课程研发和教学的教师，在教学实践中注意总结和积累，不断提出改进意见，完善校本课程。

6. 发挥校园网的教学、管理、备课、宣传等作用。

充分发挥学校网站的作用，每个教研组、每位教师完成各栏目的上传任务，使三小的信息化进程有了更进一步发展和提高。

7. 加强对艺术类学科的监控工作。

在培养学生动手操作能力，提高实践能力的基础上，在艺术类学科进行学科理论知识指导和测试工作，艺术类学科教师深入钻研教材，探索此项工作中的教学规律，不断总结经验，完善学科教学内容，提高了学科教学水平。

三、促规范，重特色，开创学校工作新局面

2011 年开始，依据大兴区教育工委、大兴区教委的工作要求，认真学习全国教育工作会议精神和北京市、国家《中长期教育改革与发展规划纲要》精神，深入贯彻落实科学发展观，坚持育人为本，全面实施素质教育。以改革创新为动力，以提高质量为重点，夯实德育工作，提高教育质量，强化规范管理，打造学

校特色，促进学校科学、全面、可持续发展，促进了学校全面工作的整体提升。

（一）加强队伍建设，不断提高教师师德修养和育人水平

1. 以赛代培，加强班主任队伍建设。

为了迎接教委2011年底骨干班主任的推荐评选工作，在本年度班主任队伍建设中一项重要的内容就是以赛代培，评选校级骨干班主任。为了做好这项工作，学校在原有方案的基础上结合目前实际，重新制定了"大兴三小校级骨干班主任评选实施方案"，并在全区德育干部会上进行了交流，又结合兄弟学校的情况进行了二次修改，并在班子会上通过。按照方案的内容我们逐一落实，按照个人申报、上交主题班会方案设计、进行主题班会展示、交个人在班级管理方面取得的成绩（近三年）、班级常规量化考核等程序，最后进行论文答辩和民主测评环节。在这几个环节的进行中，年级组长和骨干班主任都作为评委全程参加整个过程，最后按照上级指标学校推选优秀班主任参加区级骨干班主任的评选工作。

在"大兴区小学教师基本功考核达标工程"的实施过程中，第二批的10位教师我们同样进行了有计划的培训和模拟工作，把参加考核的教师与骨干教师结成对子，一帮二，收到了很好的效果，第二批的12名教师全部合格。第三批的报名工作已经结束，学校又有5名教师报名参加。截止2013年7月，全体班主任已经达标。

2. 明确岗位职责，做好正副班主任的评价工作。

借助绩效工资改革，深入明确岗位职责，并稳妥做好正副班主任评价工作。

学校于2011年寒假期间，重新修订了学校的班主任岗位职责和评价办法以及副班主任的岗位职责和评价办法，尤其是学校每月拿出25%作为副班主任津贴，特意把卫生和板报交给副班主任负责。开学初召开组长会进行了研讨，平时学校加强检查，每月的班主任例会上进行上一个月的总结，这既是学校的工作布置会，也是教师的学习会和工作交流会，每月有学习内容、有研讨内容，做到了真正为班主任老师解决问题，老师们感到学有所成。

3. 树立责任意识，落实全员德育和全过程德育。

学校成立德育工作领导小组，全面规划、组织实施全校的德育工作，形成"管理育人、教书育人、服务育人"的全员德育工作体系。学校领导、教师都是德育工作者，平时做好学生的教育和管理工作，通过楼层值班发挥作用，各司其职，通力合作。

充分发挥课堂主渠道作用，强化德育的学科渗透。学校要求教师在制定各学科计划时，在写教学设计时，要体现德育渗透的内容，充分挖掘教学内容的德育因素，使学生在掌握知识的同时，潜移默化地受到思想道德的熏陶。学期末每位教师撰写学科渗透德育的论文。

与青年教工团支部、工会、教导处等配合，组织青年教师开展演讲等相关活动，组织了"青年文明号"教研组的评选，我校英语教研组被光荣地授予"青年文明号"的称号，学校还组织教师的演讲比赛，挑选优秀选手参加大兴区少年宫组织的比赛。

（二）狠抓落实常规教育，加强学校文化建设

1. 全员参与，明确要求。

为更好地提高全体教师全员德育全过程德育的认识，学校实行干部"年级捆绑制"。年级干部参与年级的活动，召开年级的教师会、学生会和家长会，提高教育的效果。

除了每天干部教师的值班以外，我们还发挥红领巾监督岗的作用。我校德育处结合少先队一起对人流密集的楼厅进行严格监督，提醒学生注意文明礼让。对操场平时活动较为集中的地方也增设了红领巾监督岗，大大减少了追跑打闹现象的发生。

学校建立规范的少先队小干部学校，定期培养训练红领巾监督岗的小干部自我管理和学生评价的能力，坚持每天早上从衣着、文明礼仪、守规则等方面进行检查，每两人一个固定的岗位，每个时间都要有人，每周五放学后进行汇总。每周一升旗仪式上进行小结，以颁发"文明金牌班"的形式实施动态评价，激发后进，树立身边的榜样。每月汇总四周的情况，评选"优秀班集体"发奖状。任课教师每月对自己所任班级的常规情况进行评价，与学校平时检查结合，算作各班每月的成绩。每位教师去外班听课除了记好听课记录，还要对这个班的课堂常规进行评价。

2. 多种活动，促规范形成。

养成教育必须根植于真实生活，为此我校以学生生活学习实际为背景，开展丰富多彩的教育活动，促进学生良好习惯以及健康品格的形成。例如，建立了合唱团、管乐团、鼓号队、田径队、机器人小组、英语小组等多彩的学生社团，学生通过参与活动，磨炼意志品质，提高文明素养，促进特长发展。

3. 加强学校文化建设，创建班级文化特色。

2011年10月份，学校重新更换了校园橱窗，又增加了体育卫生橱窗，使校

园的文化氛围更加浓厚。

依托全国重点德育课题"班级文化建设区域推进策略的研究",引领各班创建班级文化特色,开展特色班级文化评比活动,形成团结、奋进、民主、创新的班风,从而形成良好的校风。我校参加大兴区和北京市的博客大赛,教师、家长和学生都取得了很好的成绩,共获奖项50余项。获得区级一等奖以上的家长,学校还在"六一"进行了奖励,在10月份的一次全校教师会上,请王海峰和毕静两位老师把他们的博客向老师们进行了介绍。在参加此课题的评优、征文活动中,我校也取得了很好的成绩,所有参赛作品全部获奖,80%的教师均获得了一等奖。11月上交了所有结题材料,学校还将以此为契机出版学校的又一本专辑。

(三)依托少先队组织,开展丰富多彩的主题活动

1.完善少先队各项建设。

学校以中国少年先锋队建队62周年为契机,开展了丰富多彩的建队日庆祝活动。结合二年级新入队的特点,开展了"细数中队之最"、"我是一名小旗手"的主题征文活动,在四年级队员中开展了唱支红歌给党听的教育活动,并邀请少先队员代表在我校第八次少代会中汇报。在10月13日当天,召开了隆重的建队日庆祝大会,队旗飘扬,领巾鲜红,全体少先队员呼号声、队歌声响彻三小上空。

2.抓好宣传阵地建设。

利用红领巾广播、学校网站、电子显示屏、宣传橱窗、黑板报、校刊等阵地,大力宣传师生中的典范。我们又成功开辟了"我与建党面对面"、"小窍门让我们的学习生活更美好"栏目,通过校园广播把更多的知识介绍给了全校师生,为学校增添了浓郁的时代魅力。

3.加强少先队干部培养。

着重对各个班级的宣传委员进行了培训。美术组组长佟金石老师对宣传委员进行板报设计培训。新一期板报培训之后根据板报效果又有针对性地进行了第二次培训。并且结合在每月板报的检查过程中,随时发现问题随时对宣传委员进行讲解。少先大队在开学初为宣传委员进行了红领巾广播的稿件征集、内容设置、稿件整理等方面的培训以便提高广播稿件的质量。在以后的学期中我校还将对班级中的班长、学委等小干部进行分期分批的培训,提高小干部的办事效率,促进其自身的发展。

4.开展主题教育活动。

(1)少先大队在少先队员中开展了"科学创想让生活更美好"活动。大队部在校园内张贴了宣传海报，让队员们了解活动的意义与目的。在中年级开展"科学创想光盘"的观看活动。活动中为每一位观众队员颁发了科学创想宣传小手册。随后，号召广大队员积极开动脑筋，利用废旧物品，动手精心制作科技小作品。在中队中还开展了"科学创意角"的展评活动，一个个精美的科学创意角体现了辅导员和队员的别具匠心。

（2）中国共产党建党纪念日，学校坚持开展"立一立"即确立活动方案，"寻一寻"即寻找身边优秀共产党员代表，"学一学"即学习优秀共产党员的优秀品质，"做一做"即分年级开展参与一次入队仪式、拍一张入队照片、唱一支红色歌曲、写一句爱党誓言、讲一个榜样故事、写一篇队日日记、观摩一次入团仪式等活动，"颂一颂""学榜样，做党的好孩子，为党献礼"系列教育活动。少先队员通过系列的教育活动感受党的恩情，进一步增强了对伟大的中国共产党的热爱之情。

（3）结合少工委"五小"好队员卡通形象设计大赛，在全体少先队员中开展了践行五小精神即开展争当"文明小使者、节能小标兵、和谐小天使、自护小卫士、快乐小天使"活动，并开展了设计五小队员卡通形象设计的活动，其中我校为文明小使者成功争章同学举行了隆重的颁奖授章仪式，并以此为契机号召全体同学争当五小好队员。

5. 继续抓好少先队品牌建设。

学校行进打击乐从2010年12月开始投入训练至今，师生都付出了很多的辛苦和汗水，在2011年、2012年、2013年均获得了北京市一等奖，是大兴区唯一的一支一等奖的队伍。2011年10月底，学校又组建了将近200人的室内管乐团，在北京市学生艺术节上依然是金榜夺魁。

（四）抓好"三结合"教育，开展综合实践活动

1. 建立良好的家校沟通协作。

2011年3月25日上午，学校成功地召开了"大兴三小家长教师协会执委会会议"。德育研究室的领导全程参加了我们的活动。活动共三项内容。第一项，各位家长代表听了英语课和音乐课。第二项，家长们参观了我校的校园环境，观看了学生的课间操。第三项，在学校会议室，学校校领导与各位家长教师协会委员进行了融洽的座谈交流。主管德育的老师希望家长们更多地发挥委员的作用，真正代表大兴三小一千名家长的心声，为学校建言献策，共建学生学习的乐园。

学校邀请了中国家庭教育指导中心特聘讲师、中国科学院心理所研究生、北京美丽人生家庭教育中心培训导师宋奇为我校全体学生家长做家教讲座"孩子快乐学习的秘密"。学校通过学校广播向家长们介绍开学以来学校开展的一些活动以及今后的工作，使家长们对学校有了更全面的综合了解，从而更好地配合学校的工作。最后是各班召开家长会。各班任课教师都做了充分准备，精心布置了会场、制作了课件、设计了家长会内容。各班的家长会内容丰富多彩，形式各具特色，具有创新。既拉近了亲子关系促进了家庭和谐，又沟通了家校联系。

2. 加强与社会的联系，走进社会大课堂。

每年3月5日，我校都与黄村中里居委会联手开展了"社区有我一个，做个小小志愿者"社会实践活动；4月15日，组织三年级学生走进"红星快乐营"，五年级学生走进"梨花庄园"；4月20日组织四年级学生走进"北京市中小学生社会实践大课堂"活动。我们还通过校讯通的方式鼓励学生走进中国革命博物馆参观"汶川地震灾后重建"的展览，这些活动丰富了学生的生活，也是学生受到了良好的教育。

3. 开展有主题的综合实践活动，力求学生全面发展。

将研究性学习、社会实践内容、社区服务、劳动技术教育、信息技术教育、班团队活动、文学艺术活动、体育卫生活动、手工科技活动、安全教育及《大兴我的家》《环境与可持续发展》《心理健康教育》等方面内容有机结合，形成具有学校特色、符合学生身心发展规律的综合实践活动资源体系。主要内容包括：人与自然、人与社会、人与自我三个大的板块，设定活动内容，形成系列。

(1) "人与自然"模块。三年级学生开展了"大自然的畅想活动"。充分利用家乡特有的自然资源，让孩子积极参与多种探索活动，观察各种动植物的变化；让孩子与环境互动，积累一些直接的经验，并将这些直接经验通过标本、绘画、诗歌、作文等形式和老师、同伴、家人共同讨论、分享大自然给我们带来的乐趣，获得各种经验的提升，让孩子亲近自然，感受大自然的无穷魅力。活动结束后，将部分优秀作品发布到学校的网站上，让更多的同学、老师、家长共同分享活动的收获和成果。

五年级学生开展了"我是大兴小主人"系列活动。本次活动通过讲座和知识竞赛形式，培养了学生热爱家乡、热爱大兴的浓厚感情，促进学生对大兴风土人情、民俗民风等相关知识的了解。

(2) "人与社会"模块。三至六年级开展了"班级的风采"、"我爱我班"等主题班会活动。学生通过设计班徽、制定班级口号、班规，确定班级特色，增强了班级凝聚力，形成积极向上的班级风气。

四年级学生开展了"走进社区"活动。活动中学生通过清洁社区的公共设施、向社区居民发放环保宣传材料，增强了学生热心为社区服务的意识，引导学生能从身边小事做起，从做一件好事开始，养成良好的行为习惯。

六年级开展了"只有一个地球"环保知识讲座，该活动不仅使课堂得到延伸，学生获得更多的信息，更提高了环保意识。

全校开展"祖国在我心中"系列活动。各年级通过开展主题班会、手抄报、板报等增强学生热爱祖国之情，培养学生关心祖国发展的意识。

（3）"人与自我"模块。四年级还开展了"我实践、我收获、我快乐"大皮营实践活动。活动结束后学生对自己本次活动中的各方面表现进行了评价，将自己的感想和收获记录下来。四年级开展了"我读书我快乐"演讲比赛。六年级开展了"我心中的他或她"主题班会活动。全校开展了安全知识讲座及疏散演习。

（五）重视师生心理健康教育

学生随时填写心语交流卡，正副班主任及时回复，每月上交一次，特殊情况也可由学校给予回复。

充分利用学校心理咨询室。开学初，让每位班主任老师把本班一些特殊的孩子进行了分析，学校建立了档案，每周三中午对学生开放，保证心理健康教育活动的正常化、规范化，及时发现处理学生的困惑，对学生进行心理帮助，倾听学生心声，促进学生身心全面健康地发展。

结合市级课题《农村中小学开展团体心理辅导游戏》的研究，开展学生的团体心理辅导，参加区级现场交流活动。

（六）加强德育科研，积极开展德育课题研究

《通过主题班队会对小学高年级学生开展性健康教育研究》是我校2011年4月立项的市级课题，在半年的研究中，实验教师积极开展调查研究，加强理论学习，探究工作方法，期间参加说课比赛.我校喜迎首都师范大学教授张玫玫，北京性健康教育研究会秘书长，北京健康咨询报编辑王瑾二位老师为首的《北京市中小学性健康教育大纲实践研究》课题组的负责人、专家一行8人莅临我校进行课题中期检查，并指导我校课题组相关工作。专家组老师分别听取了四所学校各子课题的中期工作汇报，观看四所学校的课题展示，检查了各校提交的课题研究档案。结合三项工作，专家组的老师们给出了评价，同时也提出了殷切的希望和中肯的建议，并为我们指明了今后研究工作的方向。

（七）加强民族教育，促进各民族和谐发展。

我校在校园文化和环境布置等方面力图体现中华传统文化的底蕴和民族精神的丰富内涵，在楼厅、在平房墙壁都装饰了具有中国传统文化的教育图片，营造良好氛围。利用广播、橱窗等宣传阵地，开展民族文化、时政形势等教育，使广大学生增强为中华民族伟大复兴而奋斗的使命感、责任感。

此外，我们在民族传统节日活动中，引导学生了解民俗风情和传统美德。学校的晨会、班队会等能注重时政教育，结合国内外民族文化、历史的重要时事，凸现民族精神教育的重要内涵。

在学科教学中注重渗透传统美德教育、优秀文化传统教育及民族自尊心、自信心、自豪感的教育。

（八）科技艺术工作再上新台阶

学校积极推动学生社团建设，并成为学校特色建设的重要窗口。目前学生社团有理论学习类社团、科技活动类社团、文学艺术类社团、体育健身类社团等，为促进学生全面发展提供了丰富的舞台。

1. 大兴三小音乐社团包括合唱团、管乐团、舞蹈队、鼓号队和打击乐社团。

合唱团具备了较高的演唱水平，在2010年第十三届学生艺术节合唱比赛中，获得区级一等奖和市级一等奖的佳绩。还走出学校，与大兴区少年宫合唱团于2010年5月3号，联袂参加了在国家大剧院举行的大型文艺演出"北京之春"的活动，2010年8月8日在人民大会堂参加了全国青少年宫系统"2010红歌大家唱"展演活动。既是对我校合唱队水平的肯定，又开阔了学生的眼界。管乐团在今年6月"北京市小学音乐听觉思维训练课题研讨会"上作展示。行进打击乐是今年刚刚开始的一个项目，在教委领导的支持与鼓励下，队员们已经正式投入训练，准备迎接明年4月份的首届市、区级比赛。鼓号队曾经参加过新中国成立60周年的群众游行队伍。

2011年以来的学生艺术节上，大兴三小的校园剧、舞蹈、校园集体舞、行进打击乐、室内管乐等多个集体项目均分别荣获大兴区一等奖，北京市一等奖等荣誉。美术组也组织了丰富多彩的活动，学生平时的作品老师精挑细选，布置成展板在楼厅展示。

2. 科技项目又有新突破。

科技教育以"机器人"为重点，组织指导学生参加了全国未来工程师比赛。机器人排雷三个队和木梁承重的一个队获得了一等奖，最终荣获大兴区团体总分第一名。2010年6月份以来，在北京市比赛中获得北京市一等奖，全国第一名。每学年的10月份，学校都以新一届科技节为契机，积极组织学生参加各项科技竞赛，特色项目（单片机、虚拟创造、科技创新大赛、金鹏科技论坛等）继续保持优势，并在原有基础上增加了参与面。

不仅参加比赛，我们还承办了大兴区青少年未来工程师博览与竞赛活动，竞赛项目有木梁承重、节能环保抗震建筑、排雷机器人。大兴区中小学共有28个学校参加了不同项目的比赛。学校共参加了全部五个项目（机器人排雷、木梁承重、航天器探月归来、绿色节能型场馆、创意环保乐队）的比赛，以"木梁承重测试"为代表的比赛，分别被大兴三小代表队摘得桂冠，最终荣获大兴区团体总分第一名。与此同时，我校在机器人项目一直领先的前提下，木梁承重项目的两对选手分别获得北京市的第一名和第二名，并获得最大承重奖，这意味着我们在新的项目上又有了突破。

在领导的全力支持中，机器人社团深受孩子们的青睐，也得到了广大家长的认可，同时也受到了社会各界的关注，成为了我校科技教育活动的品牌与亮点。连续几年学校被评为大兴区科技教育示范校和科技活动特色校，我校的校长、科技教师、学生代表先后在大兴区科技节上进行经验介绍。学校的机器人项目多次在区级活动上作展示。通过参与实践活动，学生的探究精神、实践能力、分析问题和解决问题的能力都有了提高，一些集体项目培养了学生的合作意识，一次次实践和参赛锻炼了学生不怕困难的勇气和信心，先后涌现出了一批批科技小明星。4年来，我校的科技活动蓬勃发展，学校获奖60余次，教师获奖70多人次，学生在各类科技项目的比赛中共取得国家级、市级、区级奖项200多人次，学生一次又一次的站在了大兴区、北京市乃至全国的领奖台上，这是我们的骄傲与自豪。学校连续被评为科技教育示范校、科技活动特色校、机器人社团被评为优秀社团。三名教师被评为先进，两名学生获奖。为了培养学生的科技素养，我们继续组织"科技专家进校园"活动，丰富学生的科技知识，培养了学生创新精神和实践能力。

由此，北京市科技教育示范校评审团的各位专家，在大兴区科协李建国副主席、大兴区少年宫巴文丽主任、刘本明主任助理的陪同下，对学校开展科技教育的软件和硬件建设进行了全面的检查验收。学校被评为"北京市科技教育示范校"，实现了多年的梦想。

3. 重视体育社团工作。

2010 年3 月份，我校的武术校本课程正式启动，在三、四年级开设了武术课，并排进课表。体育队的队员在老师们的指导下，每天早晚坚持训练，风雨无阻，学校还为队员免费提供早餐，以保证学生的身体健康，为家长解决后顾之忧。体育田径运动队在体育教师的带领下，年年有突破。在大兴区小学生运动会上，我校多次荣获区直属组第一名，连续三年位居前两名，奠定了我校体育工作在全区直属小学的位置。

苏霍姆林斯基说：学校的领导，首先是思想的领导。对于校长办学而言，思想决定策略，策略决定发展。从某种意义上说，教育特色就是办学者教育思想的具体体现，是学校办学思想的生动反映。"特色兴校"是增强学校核心竞争力的重要途径。应该看到，随着教育改革的不断深入，素质教育和课程改革的不断深入，校际间竞争的日趋激烈，教育的个性化和办学特色化已经成为我们的必然选择。

总之，在学生学好基础知识，练好基本技能的前提下做到学有特长，艺术社团向"北京市金帆艺术团"迈进，科技社团在市级科技示范校的基础上向"北京市金鹏科技社团"迈进，体育田径社团迈上新台阶，出击"北京市田径运动传统学校"。

四、科研兴校再创辉煌

学校坚持"向科研要质量，以科研促发展"的理念，在"科学发展观"思想指导下，着重从制度管理、过程管理入手，不断强化教科研工作，不断提高学校教科研水平。

学校在"十二五"期间，承担了国家级课题"基于交互白板的教师专业发展"的子课题《基于交互白板的校本研修，促教师专业化成长探究》，白板设计的互动理念以及白板技术本身的互动性和操作的特点，填补了从演示性多媒体教学到网络条件下的个别教学之间的空白，有利于推动信息技术与学科教学的整合。我校连续参加了三届"全国NOC教学创新与实践"活动获得一等奖3名和二等奖5名，还有20名教师获得全国"学科教学观摩活动课堂教学课例"大赛一二三等奖。并于2010年11月顺利结题，另一项国家级课题《网络环境下的学科策略研究》、区级规划课题《交际英语CAI课件的开发与应用》均已于2010年7月顺利结题。2010年3月，我校又申请了《利用交互白板创设情境，优化教学过程探究》立为"十一五"全国教育技术研究规划2009年度重点课题《基于交互白板的课堂重构研究》的子课题，吸纳全体学科教师为课题组成员，教师们通过参与课题研究，提高了专业技术素质，更促进了教学质量的提升。教师的电子成长档案中记录了每位教师成长的足迹，学校现有北京市骨干教师3名，区级学科带头人5名、学科及各类骨干教师15名，他们在学校的各个岗位上发挥着重要的作用。

做好课题管理工作，抓好课题研究的过程管理，定期进行课题研究交流会，注重了课题研究的计划性，实效性。注意落实研究计划，搜集、整理课题实验有关原始资料，加强课题实验工作的阶段性总结，每月开展活动，注重交流。对已立项的课题根据实验方案认真实施，动员教师人人参与课题，人人有个性化的课题研究方案，积极建设科研骨干队伍。坚持教研与科研相结合的方式，"十二五"期间，我校又有一个市级重点课题、三个区级规划课题顺利立项。通过深化课题研究，充分利用课题的核心引领作用，通过学科间的有效沟通与积极整合，逐渐形成了"科科有专题、人人搞研究"的良好局面。

攀登英语课程实验已经开展6年了，有了较为固定的教师队伍，积累了一定经验。现有9个班开设攀登英语课程，并纳入课题的研究。学年初成立了以教导主任为核心的攀登英语实验团队，并召开了攀登英语课题实验小组会。制定本学期工作计划以及各个月份工作重点，并对教室环境布置、教学资料的使用等问题进行了交流研讨。在新学期一年级家长会上，我们针对攀登英语课题研究的意义、如何辅导孩子在家学习攀登英语，给家长们提出了几点中肯的建议，学校也及时购进了实验所需的教学用品，并检修了各班的电脑设备，为开展教学实验研究提供了坚实的基础。课题组老师发挥自己的聪明才智，建立了适合自己班级的黑板评价栏，如：丰收的果篮、开心动物农场、美丽的鱼缸等，结合攀登英语的特点，还设立了多种方法进行有效及时的评价，让学生明白自己组的表现，以便小组之间进行相互竞争，促使学生时刻注意自己的行为，为自己的小组增光添彩。环境的创设，为学生们营造了学英语、感受英语的氛围，促进了攀登英语的学习。

五、发挥信息技术优势，建设现代化特色学校

21世纪，一个全球化、网络化、信息化的知识经济时代已经展现在我们眼前。我们都意识到，谁能把现代教育技术特别是信息技术广泛应用到教育教学工作之中，谁就能抢占现代教育的制高点，谁就能有效地增强学校的实力。我校在上级领导的重视与支持下，十几年来，始终注意利用良好的现代教育技术装备，

探索与素质教育相吻合的教育教学方法，依托现代教育技术，努力推进学校实施素质教育的进程。逐渐形成学校的办学特色即"运用现代信息技术实施素质教育"。

为深入贯彻落实《国家中长期教育改革发展规划纲要》，深入实施素质教育，不断丰富学校办学内涵、打造学校特色品牌，以信息技术特色课程建设为切入点，以特色文化培育体系的构建为着力点，以教师专业成长、素质提升为重点，通过信息技术特色构建，达到提升学生思维的广度、深度和对未来信息科技的兴趣，促进学生身心健康、全面、有较高信息科技运用能力为终极目标。立足原有特色建设规划，结合北京市大兴区小学教育教学质量监测与评估项目大兴区学校特色建设与文化建设反馈报告，制定大兴三小运用现代信息技术实施素质教育的特色实施方案。

（一）路径选择

运用现代信息技术实施素质教育。将信息技术的运用与校园主题文化活动有机结合起来，体现不同教育内涵和文化追求。创设数字生态校园，强调信息技术作为校园环境、校园文化不可或缺的组成部分，强调信息化基础设施、数字化教育教学资源以及基于信息技术的教学模式和策略等是影响学校发展的重要因素，并基于此确立学校的发展愿景，使学校的每一个教师和学生都理解这一愿景。

（二）建设要点

完善和形成大兴三小的办学特色，跟上时代的步伐，充实和不断完善学校硬件设备，使信息化进程迈上新的台阶。以开展国家级课题"基于交互式白板的课堂教学重构研究"为契机，不断朝着"办开放型教育，做专家型校长，当研究型教师，育有能力学生"的奋斗目标努力前进。

1. 年度设计。

第一阶段：2011年

（1）充足和完善硬件设备，使现有设备的技术更新逐步趋于稳定。在部分教学班增装集电脑、交互式白板等设备于一身的触控液晶电视电脑一体机。

（2）加强对干部以及区级以上的学科带头人和学科骨干教师的培训，发挥其示范作用，做学校发展的领路人。

（3）在加强信息技术课程在三四年级开展的基础上，对于信息技术相关的校本课程"机器人"的开设，从原来部分五年级班和兴趣小组的规模扩大到在整个五年级内开展教学活动。

（4）加大"白板项目"课题研究的力度，扩大参与课题研究面，把三分之一的教师吸纳到课题组中来，初步形成点面结合的研究氛围。

第二阶段：2012年

（1）升级新技术软件，使硬件环境更趋于数字化，为骨干教师配置数码相机等相关设备，实现课堂教学效果实时反馈功能。

（2）加强对校级以上骨干教师的培训，给他们压担子、搭台子，使名师梯队建设迈上新台阶。

（3）"机器人"校本课程跟进到五、六两个年级，同时增设四、五年"音像技术应用"校本课程，提高学生信息技术应用能力。

（4）"白板项目"课题研究吸纳三分之二的教师参与，扩大新技术应用面，形成三小科学研修氛围。

第三阶段：2013年、2014年

（1）打造信息技术主体特色，构建全新教育信息化体系，实现学科教师课堂教学效果实时反馈数码传输无障化。

（2）加强教师传帮带全面启动效应，校级以上骨干教师为身边教师引路子，引领教学方式和学习方式变革，使现代信息技术教育特色更加鲜明。

（3）信息技术校本课程在四至六年级全面实施，打造高信息素养的学生群体。

（4）课题研究迈上新台阶，信息技术应用能力相关研究达到全员化，打造出一批研究型教师。

2.具体措施。

打造信息技术主体特色，构建全新教育信息化体系，是大兴三小率先实现教育现代化的必由之路。

（1）打造一支具有较高信息技术应用能力的管理团队。

信息化工程是一把手工程，既体现在领导对信息技术投入的重视水平，也体现在领导团队带领教师参与信息技术应用与管理的程度。在今后三年内，重视中层干部培养，改变以往的培养模式，加大相对高端培训的力度。通过学习更新管理理念，不断提高自身素质，做进一步打造"运用信息技术实施素质教育"特色学校的领头人。

（2）打造信息化服务团队（电教组）。

全体电教组成员树立服务意识，真情奉献，密切合作，发挥集体智慧，团队精神，积极为学校教育教学活动提供优质服务。"三分建设，七分管理和维护"，信息化服务团队必须成为学习型组织，不断发现和满足教学、管理、科研等对信息技术的新需求。

组织电教人员参加不同层次的高端培训，并采取走出去请进来的办法，创造学习机会。学习现代化教学理论和管理技术水平，提高素质，为学校全面实施素质教育，奠定良好的基础。除了按上级要求， 有计划地输送学员参加上级组织的各类培训，并在电教基本理论、基础知识、设备的使用、维护、软件制作、课堂教学设计等诸方面进行全面培训。加强校园网网络设施的日常维护，保证校园网络畅通，使设备使用效益得到最大限度的发挥。

（3）形成一支在同类学校中信息素养相对领先的教师团队。

首先是培养一批信息化应用骨干力量。信息技术应用骨干教师具有实践探索、示范带动、推广普及的作用，他们在教育信息化建设中具有不可替代的作用。学校将为骨干教师提供更多的进修机会，通过走出去请进来的培训方式，提高信息化应用水平。同时积极开展教师信息技术培训，提高教师群体信息技术素养。加强有针对性的技术培训，让不同学科的教师能够熟练掌握与学科教学相关软件的使用，并能针对学科特点创造性地应用于教学。加强对全体教职工的现代教育思想和现代教育理念的学习，从思想上促使他们观念更新，从行为上促使他们重新认识。定点、定时、定人安排好领导、教师、信息技术专业人员参加各类业务培训；请专家作讲座，培训教师现代教育理论和信息技术支持下新型的教学理念和教学模式；挖掘本校培训资源，集中专题培训。

（4）进一步加强数字化学校的硬件设施建设。

根据我校的实际情况，尽快建设一个功能完善的集信息服务系统、教育管理系统、教育资源系统为一体的信息化教育平台，并将物联网引入学校教育，使数字化校园走向高端。学校计划三年内每班配备1台集电脑、白板等设备于一体的触控液晶电视电脑一体机，充分利用好现有的网络设备，创造最自然、和谐的人机交互模式。同时优化组合学校现有教育信息资源，融视频、网络、多媒体等多种方式为一体，通过学校的教育信息平台为师生提供多种类、多形式、多规格和多层次的教育教学服务。形成一个功能完善、具有本校特色的信息化教育系统，将先进的课程理念与信息技术有机整合，能够利用信息技术改变教学方式、教学内容呈现方式和师生互动方式，通过学与教方式的转变提高学习绩效。

（5）培养具有整体较高信息素养的学生群体。

学生具有较高信息素养，提高学生自主学习能力。一是通过信息技术课程的开设保证质量；二是在学科教学中，根据教学需要进行技术学习的延伸；三是通过校本课程的开设，为具有不同爱好的学生提供不同的课程内容，使不同的学生能够掌握不同的应用软件，形成某一领域的领先。利用信息技术改变学习方式，在资源、网络课程等方面进行相应的建设，保证学习的有效性；定期组织学生作品展示活动，形成浓厚的学习氛围。举办电脑绘画、电子小报制作、网页制作、动画制作等学习班，提供展示平台，举办优秀作品展览等。

（6）建立推动学校教育教学信息化的管理制度。

推行电子备课，建立从每堂课的"设计意图"、"环节设计"、"教案包"、"课件包"、"背景资料"、"相关知识"等几方面电子备课资源库，提高资源共享。建立现代信息技术运用的奖励制度。每学年开展评选"优秀课件"、"信息化先进团队"、"信息化教育工作先进个人"活动，并把现代信息技术运用情况纳入教师量化考评、创"节节好课"活动之中。同时开展业务技能竞赛，提高教师掌握应用现代教育技术水平和能力。

（7）开展课题研究工作。

以国家级重点课题《基于交互白板的课堂教学重构》的子课题《利用交互白板创设情境，优化教学过程探究》为切入点开展课题研究，探索信息技术环境支持下的教与学，促进教师不断学习和提高。在各学科中开展基于交互式白板环境下的多个专题特色的信息技术应用研究；利用好现有的平台资源，探索信息技术支持下教与学模式的研究。组织教师观摩校内外优秀信息技术与课程整合研究课，使教师能更具体体会信息技术与课程整合的方法，学习他人成功经验，引发思考，以便更好开展此项工作。

（8）注重多形式、全方位的特色内容的宣传。

利用网络、活动在广大干部、教师、学生、家长中宣传信息技术特色，注重校园环境围绕特色的创设，开辟长廊文化、楼道文化等，全员、全面、立体化，形成合力，携手打造特色学校，实现学校真正的信息技术特色切入，实施素质教育的目标。

（9）携手共同体，共研究，同发展。

（10）重组人员保障机构，明确职责，重点抓执行。

组　长：陈宗禹，创建特色总负责人。

副组长：崔建梅全面管理协调。

具体项目责任分工：

数字化校园建设：教科研办公室（范福海）

信息技术课和相应校本课程：电教组（李　魁）

学科信息化融入研究：教导处（李丽霞）

校园环境、信息宣传、活动策划执行：德育处（于海涛）

六、让全体教师享受"家"的温暖

（一）以文体活动为载体，构建和谐校园

大兴区教育工会以"忆光辉历程，展教工风采，建和谐校园"为主题的第一届教职工文化体育节于2011年4月拉开了帷幕。学校工会积极行动起来，围绕活动主题，组织教职工开展特点鲜明、主题突出、丰富多彩、寓教于乐的文化体育活动，充分调动和增强了广大教职工爱岗敬业的积极性和主动性，进一步活跃和丰富了教职工文化体育生活。

学校倡导"快乐工作，健康生活"理念，关注教职工的身心健康，充分践行"每天锻炼一小时，健康工作三十年，幸福生活一辈子"的思想，将文化节体育节等学校节日活动纳入本年度工会工作整体方案。

为参加区红歌赛活动，大兴三小组建了合唱组，每天在完成一天的教学任务情况下组织练歌。音乐教师从选歌到演唱形式、从发音到声部都精心设计并认真指导，带动全体教师都能积极响应活动。比赛现场一展歌喉，展示了三小教师的歌唱能力和精神风貌。

每年的上半年，学校组织全校师生运动会。运动会报名从4月中旬开始，全体教职员工们积极行动起来，利用业余时间抓紧练习自报项目，充分做好比赛准备，真正达到了活动组织的目的意义。教师趣味运动会共设14个比赛项目，参加每个项目的教师认真参赛，他们也像孩子一样，每分必争，各个项目都比出了最好成绩。集体项目接力赛、五人六足赛、拔河赛更是将比赛带入了高潮，教师们那种认真负责的态度、强烈的集体意识给孩子们树立了榜样。整个比赛现场自始至终洋溢着祥和、热烈而又充满情趣的气氛。

满园金秋的下半年，大兴三小阳光体育锻炼活动蓬勃开展。乒乓球活动室、教师之家健身活动室、操场上羽毛球活动场地，无不跃动着教师们矫健的身影。每天下午第三节课后，教师们处理完一天的作业，送走了爱生，都会主动到活动场地参加体育锻炼活动，调节一下疲惫的身心，为第二天更好地工作做好准备，这更是教师们放松交流的好机会，为建设和谐校园营造了良好的氛围。学校经常组织教师参加北师大附中片组的乒乓球、羽毛球单项赛。比赛中，我校教师本着向兄弟学校学习的态度，不畏强手、努力拼搏，赛出了风格，赛出了水平。其中有两个项目分别取得了一、二、三名，参加了区决赛。我们以此次活动为契机，加强教职工体育锻炼活动，充分调动和增强了广大教职工爱岗敬业的积极性和主动性，为建设和谐校园不断努力着。

（二）为教职工做实事、办好事

工作中，充分发挥教师的主观能动性，不仅要在工作上压担子，更要在生活上关心教师，切实帮助教师解决实际困难，把工会办成真正的教职工之家。

1. 重视青年教师的培养工作。

结合青年团工作，有目标，有层次，有措施地加强师资队伍建设。在实际工作中，充分发挥骨干教师的作用，与青年教师结对，互助共赢。在"聆听师语牵手佳节"教师节表彰大会上，校长亲自收徒，做培养新人的典范。新学期有11对干部、教师结成师徒对子，为青年教师尽快成为学校教育教学第一线的骨干创造了条件。

2. 关心教职工的实际困难。

学校教职工遇有婚丧产假、生病住院，学校工会都组织人员前去慰问，做到把关心送到每个教职工的心坎上。真挚的关怀为广大教职工解除了后顾之忧，使他们得以全身心地投入到教育教学活动中，把学校的事当作自己的事，积极地以主人翁的精神投入到学校管理和建设中，为学校发展做贡献。

长期以来，学校对困难教职工的关心感动着每一位教师。李魁老师因为儿子患肾病长期治疗造成了家庭生活困难，学校领导经常与其谈心，时刻了解孩子及家庭生活状况，从工作上大力支持，精神上给以鼓励，生活上给予关心，经济上学校尽最大努力给予补贴，还为其向上级部门申请困难补助。教委安友文副主任亲自送来了慰问金，李老师深深地被感动着，工作不断创出成绩，为三小争光。

2011年暑期，付月双老师查出病症进行手术后，一度出现了生命危险，学校领导得知情况后，亲自赶到医院看望并守候，为付老师坚强与努力同病魔抗争送去了精神支撑。就在付老师治愈出院后，我带领班子成员还亲自到其家中探望并与其促膝谈心，鼓励该教师调整好心态，养好身体，早日回到工作岗位。

3. 想教工所想，提高教职工幸福指数。

大兴三小集体庆生活动为每位教师提供了与领导、教师近距离、无拘束交流的机会，增进了感情，活跃了气氛。生日会上，领导和教师一起切蛋糕，并亲自将祝福送给每位"寿星"，"寿星"们也纷纷发表生日感言，表达对学校领导亲切关怀的真挚谢意。生日会气氛热烈，感情真挚，给在场的每一位教师都留下了深深的感动。哪个月赶上有退休教师，学校就特意安排在生日晚宴中举行欢送退休教师仪式，再送上祝福的同时学校还赠送退休纪念品来表达对老教师的敬意，感谢他们为教育事业，为大兴三小的教育教学工作所做出的贡献。

工作创新温暖教职工的心。教师集体生日会赢得了全体教师心。每次庆祝生日，工会主席会用打油藏头诗倾情助兴，将每位寿星的名字入诗，深受欢迎。

一年一度的元旦庆祝活动每每都有新意，这也是老师们所关注的。2011年元旦，学校领导带领全体老师乘车前往南宫温泉水世界。教师们个个洋溢着笑脸，会餐中频频举杯共庆节日、恭祝彼此幸福，把一年的工作辛劳挥之于欢声笑语之中。温泉水泡去了老师们工作中的疲惫，暖流浸入了老师们的心田。

4. 重视对离退教师关心、慰问工作。

2011年两节送温暖活动，全体领导班子、后勤行政人员亲自到离退休教师、困难教师家中慰问并送去慰问品。退休教师秦宗尧老师两次住院治疗，我都亲自去探望。教师节前夕，大兴区第三小学离退休老教师欢聚一堂，致问候，谈感想，共话学校发展。座谈会上，工会主席首先代表学校感谢老教师们为学校的发展所做出的突出贡献，然后从学校工作理念、班子建设等多方面多角度向老教师们介绍了学校的发展情况及取得的成绩。同时，还向老教师们展望了学校的发展前景、规划，殷切希望他们常回家看看。老教师们纷纷表达了对学校的感谢之情，并就学校的发展畅所欲言。会后，老教师们应邀与学校在职教师共进节日晚宴。对不能来学校参加座谈会的老教师，校领导亲自将慰问品送到他们家中，以表关怀之情。对学校来说，老教师是一笔宝贵的财富，此次座谈会，为学校的下一步工作和发展提供了宝贵的建议和意见。

七、发展愿景与实施

建立高标准的数字化校园是教育信息化的重要目标。学校是教育的主战场，谁抓好了数字化校园建设，也就抢占了未来教育发展的制高点。学校立足于现有条件，大力推广市区级应用，体现自身应用特色，关注学校教育教学管理的科学性，关注数字技术下学校、家庭、社会多方面教育协作与资源利用，提升教师数字化应用能力，分步骤达到大兴区学校信息化分级认证评价体系认证标准，逐步建成高标准的数字化校园。

对于建设项目的实际应用，我校采取以行政推动应用开展，以需求促进应用效果的总体实施方向，首先将数字校园各项应用有针对性的设置评价指标，将其与教师评价挂钩，使其逐渐成为学校常规工作中的一项，另一方面，随时认真听取、采纳教师对于数字校园建设的自身需求建议，根据一线使用者的应用体会，对各平台功能及时进行调整与改造，使其日趋完善，让使用者真正体会到数字校园建设所带来的便捷与好处，避免其成为负担。结合区级认证指标要求，将培训落到实处，达到一级认证要求，向二级认证努力。

十几年来，在学校干部、教师、家长、学生的共同努力下，大兴三小从细节做起，一步一个脚印，一步一个台阶，取得了多项可喜的成绩：先后荣获"北京市文明礼仪示范校"，北京市中小学"电化教育优类校"、"北京市中小学信息化工作先进学校"、"北京市基础教育课程教材改革实验先进单位"、北京市星星火炬奖、北京市规范化建设先进校等29个市级荣誉；被区教委授予"大兴区小学示范校"，大兴区"综合办学效益优类校"、"全面育人办有特色"校、"科技教育示范校"等50多个区级荣誉；《基础教育参考》《现代教育报》《北京教育》《解放军日报》中央电视台、大兴电视台等多家媒体报道大兴三小的办学情况，还向政府部门输送了两名处级以上领导干部；向教委各校、各部门输送3名正校级干部、2名副校级干部、1名中层干部，还有多名进修学校教研员。打造了一所特色明显的大兴品牌名校。

如今，大兴三小和着时代的节拍，已经走过了40多年的匆匆岁月。在今后的工作中，我们将继续与时俱进，务本求实，向着"现代化、有特色、高质量"的目标昂首挺进。